BIBLIOTECA
AUGUSTO
CURY

SUPERAR LA CÁRCEL DE LA EMOCIÓN

AUGUSTO CURY

SUPERAR LA CÁRCEL DE LA EMOCIÓN

OCEANO

SUPERAR LA CÁRCEL DE LA EMOCIÓN

Título original: SUPERANDO O CÁRCERE DA EMOÇÃO

© 2006, Augusto Cury

Traducción: Pilar Obón

Diseño de portada: Departamento de Arte de Océano
Imagen de portada: Getty Images / Juana Mari Moya
Fotografía del autor: © Instituto Academia de Inteligência

D. R. © 2023, Editorial Océano de México, S.A. de C.V.
Guillermo Barroso 17-5, Col. Industrial Las Armas
Tlalnepantla de Baz, 54080, Estado de México
info@oceano.com.mx

Primera edición en Océano: 2023

ISBN: 978-607-557-776-0

Impreso en México / Printed in Mexico

Yo _____ ofrezco
este libro a _____.

La peor de las cárceles no es la que aprisiona el cuerpo,
sino la que asfixia la mente y pone grilletes a la emoción.
Sin libertad, las mujeres sofocan su placer,
los hombres se vuelven máquinas de trabajar.
Ser libre es no ser siervo de las culpas del pasado
ni esclavo de las preocupaciones del mañana.
Ser libre es tener tiempo para las cosas que se aman.
Es abrazar, entregarse, soñar, volver a comenzar.
Es desarrollar el arte de pensar y proteger la emoción.
Pero, por encima de todo...
ser libre es tener una historia de amor con la propia vida.

Introducción

El ser humano siempre ha buscado la libertad. La libertad está en el núcleo de las aspiraciones humanas. Gracias a ella podemos crear, investigar, construir, conocer nuevos ambientes, expresar ideas, gestionar los pensamientos y administrar los sentimientos. La libertad es la corona del placer de vivir y el cimiento para tener una personalidad saludable.

Existieron esclavos que fueron liberados y hombres libres que se volvieron esclavos. ¿Cuál es la explicación de esa paradoja? ¡Los que fueron libres siendo esclavos eran libres interiormente! ¡Los que se volvieron esclavos, siendo libres, fueron esclavos en el mundo de sus pensamientos y en el territorio de sus emociones! Sin libertad, el ser humano deja de soñar y destruye su encanto por la existencia. Tú puedes ser un rey sin trono, siempre que tengas puesta la corona de la libertad.

A pesar de que la libertad es vital para el ser humano, éste siempre fue víctima de algún tipo de prisión. Las cadenas, la esclavitud, el autoritarismo político, la explotación sexual, la restricción de los derechos fundamentales, la dificultad de liderar el mundo psíquico, la ansiedad, la angustia, las fobias (miedo) y otros trastornos emocionales son ejemplos de la restricción de la libertad, y que han herido nuestra historia.

Sin embargo, te pregunto: ¿cuál es la mayor prisión del mundo? ¿Es aquella que encarcela al ser humano externa o internamente? Sin sombra de duda, es aquella que pone grilletes al alma, que controla la inteligencia.

Tú puedes perder dinero, prestigio social, un empleo o romper una relación afectiva y, aun así, conservar una gran capacidad para luchar, volver a comenzar todo y superar tu pérdida. Pero si pierdes tu libertad, el mundo se volverá demasiado pequeño para ti, pues estarás encadenado por el sentimiento de vergüenza, de culpa, de incapacidad.

La peor de las cárceles humanas es la cárcel de la emoción. Normalmente, quienes aprisionan la emoción son los pensamientos de contenido negativo, estresante, ansioso. Construimos sociedades democráticas, pero a menudo el humano moderno no es libre. Asimismo, ningún ser humano es completamente saludable. Todos tenemos algún tipo de enfermedad mental y algún grado de dificultad para administrar nuestros pensamientos y emociones.

¿Quién controla todos los pensamientos que pasan por su mente? Construimos pensamientos absurdos que no tenemos el valor de verbalizar. ¿Quién es pleno dueño de sus emociones?

Todos generamos sentimientos que no nos gustaría experimentar, tales como rabia, miedo, tristeza, inseguridad, pero éstos se producen fuera del control de la voluntad consciente del "yo". Todas las cosas que obstruyen nuestra inteligencia funcionan como cadenas conscientes y, principalmente, permanecen inconscientes en los bastidores de la construcción de la inteligencia.

Ni siquiera los grandes hombres se libraron de tener conflictos en su vida. Los pensadores de la filosofía y de las ciencias vivieron crisis emocionales y existenciales. Muchos de ellos crearon pinturas, esculturas, obras literarias, textos filosóficos e investigaciones científicas, como un intento de superar la angustia que los abatía.

Diversos conflictos que encarcelan nuestras emociones acontecieron en una fase de la infancia en la que no teníamos defensas intelectuales. Algunos de ellos sucedieron a pesar de que los padres hayan sido excelentes personas. Es muy común que los estímulos del ambiente o una actitud o reacción de los padres sean interpretados inadecuadamente por los hijos, lo cual produce frustraciones y cicatrices en los amplios terrenos del inconsciente. Por lo tanto, es posible tener conflictos incluso al haber vivido una infancia saludable.

Además, el mundo moderno se convirtió en una fábrica de personas estresadas. Hasta aquellos que desarrollaron una personalidad sin grandes traumas pueden, cuando llegan a la adultez, crear archivos enfermizos en las matrices de la memoria, debido al estrés profesional y social. Las personas más responsables y aplicadas son más propensas a la cárcel de la ansiedad. Superar las cárceles mentales que se construyen a lo largo de nuestra trayectoria debe ser la gran meta de la inteligencia.

El peor prisionero es aquel que no distingue sus propios límites. El peor enfermo es aquel que reprime sus emociones y tiene miedo de admitir sus fragilidades, fracasos y momentos de inseguridad.

Es más fácil amasar fortuna que adquirir sabiduría. ¿Quién es sabio? Sabia no es la persona que no se equivoca, no se frustra ni sufre pérdidas, sino aquella que aprende a usar sus obstáculos como cimientos de su sabiduría. ¿Qué destino les das a tus errores? ¿Qué haces con los dolores emocionales que experimentas? ¿Ellos te construyen o te destruyen?

Lamentablemente, son raras las veces en que somos capaces de proporcionar un destino lúcido a nuestras fallas y sufrimientos.

Sabemos lidiar con el éxito, pero no estamos preparados para la derrota. Sabemos lidiar con las alegrías, pero no con la tristeza y la ansiedad.

¿Sabes cuántos segundos tenemos para eliminar un foco de tensión emocional, y que no se registre de manera enfermiza en la memoria? Cinco segundos como máximo. Pero, por desgracia, somos lentos para protegernos. La mayoría de las personas ni siquiera sabe que necesita proteger sus emociones. Compran un seguro de casa, de auto, ponen rejas en las ventanas, pero no tienen ninguna protección en el territorio más importante y delicado: el territorio de la emoción.

Muchos ejecutivos, empresarios y profesionales autónomos poseen una cuantiosa cuenta bancaria, pero un gran déficit emocional. Son excelentes para ganar dinero, pero pésimos para conquistar la tranquilidad. ¡Muchos están controlados por la hiperproducción de pensamientos anticipatorios, viven sufriendo por problemas que todavía no suceden!

Tienen buenos motivos para estar alegres, pero son ansiosos, excesivamente preocupados y angustiados. Son excelentes profesionales, pero no saben cuidar de su calidad de vida. La ansiedad bloquea el disfrute de su éxito financiero. Se vuelven ricos y miserables.

Algunos ejecutivos que leyeron las primeras ediciones de este libro comentaron que les fue de mucha ayuda, pues comprendieron que el éxito profesional sin el éxito emocional podría ser valioso para los demás, pero no para sí mismos. Tuvieron que conquistar habilidades para superar las trampas de la emoción y reaprender cómo sonreír, ser espontáneos, seguros, emprendedores.

Algunos tienen éxito intelectual, adquieren cultura y títulos académicos, pero no saben navegar con sabiduría en las aguas agitadas de la emoción. Los obstáculos profesionales, las contrariedades sociales, las ofensas y las críticas invaden fácilmente su emoción y roban su serenidad.

Podemos ser autores de nuestra historia

Un día, después de dar una conferencia, una mujer me buscó. Sufría de depresión y de trastorno de pánico desde hacía veinte años. Había pasado por quince psiquiatras. Sentía desánimo, fatiga, tristeza, ansiedad, insomnio, fobia. El mundo se derrumbó sobre su emoción. En los últimos diez años se había aislado en su casa.

Dado que vivía en otra ciudad, le pedí que no interrumpiera su tratamiento actual, que estudiara este libro y rescatara el "liderazgo del yo" a través de la técnica del DCD (dudar, criticar y determinar), que puede usarse en todos los conflictos mentales y que, en síntesis, consiste en *dudar* del control de los conflictos sobre la emoción, *criticar* cada pensamiento negativo y *determinar* ser una persona segura, estable, alegre. Le dije que si practicaba esta técnica decenas de veces por día, en el silencio de su mente, reeditaría la película de su inconsciente y en tres meses ella tomaría un avión sola y me visitaría.

Pasados tres meses, me visitó diciendo que había vencido la cárcel de su emoción. Leyó este libro diez veces y aplicó continuamente la técnica del DCD.

Su último psiquiatra quedó admirado por la mejoría. Meses después, él tuvo una crisis depresiva y le pidió ayuda. Quería saber cuál era la técnica que yo le había enseñado. Yo no hice mucho, sólo le enseñé a ser autora de su historia...

Hay personas que saben gobernar un país, un estado y una ciudad con gran capacidad, pero están atormentadas día y noche por pensamientos negativos. Si no criticas tus ideas negativas, ellas formarán parte de tu personalidad.

Debido a la complejidad de la mente humana, es muy difícil hablar de manera detallada de cada cárcel a la que puede someterse la emoción, a no ser que se escriba una enciclopedia que pocos tendrán ánimo de leer. Por lo tanto, voy a utilizar una enfermedad compleja, la dependencia psicológica a las drogas, para revelar algunos mecanismos universales que están presentes en la génesis de la gran mayoría de los conflictos humanos.

Así como el director cinematográfico James Cameron se basó en una pareja romántica para ilustrar el drama del *Titanic*, hablaré de las drogas y la mente de los usuarios como actores principales para descorrer la cortina del funcionamiento de la inteligencia y el drama de la cárcel de la emoción. Será una aventura imperdible para quien ama la vida, la humanidad, y anhela ser líder y libre.

Hay muchos tipos de "drogas", y no sólo las químicas, que coartan la libertad y hacen que la emoción se someta a la peor prisión del mundo: la "droga" del miedo, del sistema social, de la paranoia de la estética, del consumismo, de la competencia predatoria, del prejuicio, de la rigidez, del orgullo ciego, de la necesidad de tener siempre la razón, de los trastornos mentales.

Cuando hablo sobre las drogas como potentes estímulos que se registran de manera privilegiada en la memoria e interfieren con la dinámica de la psique, espero que el lector haga un paralelismo con los estímulos que le afectan, tales como una ofensa o una pérdida, y percibir que éstos también interfieren en el engranaje psicodinámico de su mente.

Ayudaré a los padres a abrir las ventanas de su mente y a construir una excelente relación con sus hijos. Del mismo modo, cuando abordemos la relación entre padres e hijos, espero que el lector, aunque no tenga hijos, cree un paralelismo sobre cómo superar los conflictos interpersonales, liderar personas, conquistar compañeros de trabajo o alumnos y estimular la inteligencia de todos ellos.

Haremos en este libro uno de los viajes más bellos, al interior de nosotros mismos. Quedaremos fascinados por el espectáculo de la inteligencia. En el penúltimo capítulo, discurriré sobre uno de los fenómenos más importantes que actúan en los bastidores de la mente, el fenómeno del autoflujo.

Ese fenómeno es el gran responsable de las lecturas continuas de la memoria y de la producción de miles de pensamientos diarios. Entenderemos por qué es tan difícil gobernar nuestros propios pensamientos y por qué el ser humano ha sido el peor verdugo de sí mismo.

En el capítulo final haré un abordaje psicológico y filosófico del sentido de la vida. En él conoceremos la fascinante inteligencia del Maestro de maestros. Estudiaremos cómo superaba sus angustias y contrariedades y por qué, en un ambiente ansioso y saturado de estrés, fue libre, feliz y seguro.

Debemos brindar por la sabiduría. Nunca debemos renunciar a la vida ni pensar en dejar de caminar. Por más tropiezos que tengamos en el camino, podemos superar el caos de la emoción y vencer nuestras angustias...

Capítulo 1

La cárcel de la emoción

El escenario de la existencia

*L*a vida es el mayor espectáculo en el escenario de la existencia. Debemos ser directores del guion de nuestra vida, pero tenemos que saber que jamás lograremos controlar a todos los actores y a todas las variables de ese escenario complejo. Vivir es una aventura, y saber vivir es un arte. Por eso, grandes hombres en el mundo cultural y financiero pueden ser niños en el intrigante arte de vivir.

El ser humano moderno está preocupado por conquistar un espacio profesional, asistir a una buena escuela y ejercitarse para mantener su cuerpo al día. Sin embargo, obstaculiza la escuela de la vida. Si queremos aprender a ser especialistas en el arte de vivir, tenemos que hacer un entrenamiento diferente, hacer una "academia de la inteligencia". Consumir información tipo *fast food* (ya hecha y rápida) no desarrolla las áreas de la personalidad ni rompe las cárceles de la emoción.

Es necesario crear un laboratorio intelectual y práctico de las funciones más importantes de la inteligencia, de la educación de la emoción, de la superación de desafíos profesionales, del desarrollo de la calidad de vida, de la reedición de algunas áreas en la película del inconsciente.

Crear una academia de la inteligencia es aprender a gestionar los pensamientos y a navegar en las sinuosas aguas de la emoción.

Es entrenar para ser autor de tu historia, y no víctima de ella. En caso contrario, tendremos problemas para tomar decisiones y desarrollar un espíritu emprendedor, seguridad, autoestima. Podremos soñar, pero tendremos grandes dificultades para materializar nuestros sueños.

1. Inteligencia multifocal

Hace años investigué y desarrollé una nueva teoría, una de las pocas en todo el mundo, sobre el funcionamiento de la mente y la construcción de la inteligencia. Fueron días y noches incansables de investigaciones. Escribí miles de páginas, y todo ello resultó en la teoría de la "inteligencia multifocal".

Esa teoría se ha utilizado en diversas tesis de maestría y doctorado. Estudia los fenómenos vinculados a la construcción de los pensamientos y de la consciencia, que muchos otros pensadores de la psicología —como Sigmund Freud, Carl Gustav Jung, Alfred Adler, Erich Fromm, Víctor Frankl— no tuvieron oportunidad de estudiar.

Por desgracia, es sólo ahora que la psicología está comenzando a comprender algunos de los complejos papeles de la memoria y de los fenómenos que transforman la energía emocional y construyen las cadenas de pensamientos. Actuaré como un divulgador científico.

Estudiaremos que el uso continuo de las drogas puede arruinar etapas de la vida de un joven, haciendo que "envejezca" en el único lugar donde no está permitido envejecer: el territorio de la emoción. Lamentablemente, la dependencia a las drogas ha generado ancianos en cuerpos de jóvenes.

El mismo fenómeno ha ocurrido con profesionales que padecen de una sobrecarga de estrés crónico y continuo. Con frecuencia, la edad emocional es mayor que la edad biológica. Cuando un profesionista vive estresado puede registrar experiencias en su memoria que limitan su felicidad por la vida y reducen su placer de vivir.

Existen ejecutivos que envejecieron rápida y precozmente en el territorio de la emoción. Son *workaholics*, esclavos del trabajo, especialistas en resolver los problemas de la empresa, pero pésimos para cuidar de sí mismos. Viven en una burbuja de soledad, son prisioneros de su propio éxito; por eso rara vez hacen cosas fuera de su agenda u obtienen placer en los pequeños acontecimientos de la rutina diaria. ¿Tú sabes proteger tu emoción y cuidar de tu calidad de vida?

2. Prisioneros en el territorio de la emoción

Nadie puede ser libre y feliz si es prisionero de sí mismo. Existen varios tipos de enfermedades mentales que pueden aprisionar el alma o la psique humana. Quien está encarcelado por barras de hierro todavía puede ser libre para pensar y sentir. Quien es prisionero en el núcleo de su alma, además de tener dificultades para administrar sus pensamientos, pulveriza el eslabón más bello de la existencia.

Es contradictorio, pues nunca vivimos en un mundo tan libre, con índices respetables de libertad social y, sin embargo, nunca tuvimos una cantidad tan grande de personas víctimas de enfermedades mentales. Los esclavos del pasado eran más libres que los que están bajo el yugo de la cárcel de la emoción. No obstante, cuando una persona supera su depresión, su ansiedad o su trastorno de pánico, será más inteligente y experimentada.

Una persona que es portadora de una fobia, como al ascensor (claustrofobia), a las alturas (acrofobia), social (miedo de hablar en público), sufre la acción de fenómenos semejantes a los de un adicto. Ante un ascensor o una reunión social, se detona el gatillo de la memoria, generando reacciones angustiantes que cierran los territorios de lectura de la memoria y traban su capacidad de pensar.

Lo único que le interesa es salir del ambiente estresante. Cuanto más tiempo se queda, más se intensificará su ansiedad, que será canalizada para producir diversos síntomas psicosomáticos, como sudor excesivo, taquicardia, respiración entrecortada. Esos síntomas preparan a la persona para la huida.

La fobia es producida por una imagen distorsionada y amplificada del objeto fóbico, lo que genera una reacción de aversión a él. La farmacodependencia es producida por una imagen distorsionada de la droga, lo que genera una atracción fatal por ella.

3. Seguimos siendo un misterio
para nosotros mismos

Los niños conocen cada vez más el inmenso espacio y el pequeño átomo, pero no conocen la construcción de la inteligencia ni el funcionamiento de su propia mente.

Esa carencia de interiorización educacional hace que ellos pierdan su mejor oportunidad de desarrollar las funciones más profundas de la inteligencia: la capacidad de pensar y reflexionar sobre sí mismos; la capacidad de analizar sus comportamientos, percibir sus consecuencias; la capacidad de ponerse en el lugar del otro; la capacidad de autocriticarse, reconocer sus límites y dar respuestas maduras a sus frustraciones.

Es preciso revolucionar nuestras relaciones sociales. Por desgracia, padres e hijos, maestros y alumnos, así como ejecutivos y funcionarios, comparten el mismo espacio, respiran el mismo aire, pero están viviendo en mundos distintos. Educar no es informar, sino formar pensadores, hombres y mujeres que razonen.

Que un hijo sea bien portado, un alumno tenga buen rendimiento en los exámenes y un empleado siga rigurosamente las normas de la empresa no necesariamente quiere decir que sean mentalmente saludables, creativos, seguros y que sepan dar respuestas inteligentes en situaciones tensas. Sólo quienes desarrollan las funciones más importantes de la inteligencia poseen una vacuna segura contra la cárcel de la emoción.

4. El síndrome tri-híper

Un importante síndrome mental en las sociedades modernas, que ha generado diversos tipos de cárcel de la emoción, es el síndrome tri-híper. Recibe ese nombre porque representa tres funciones importantes de la personalidad, pero que fueron desarrolladas con exageración: 1) hipersensibilidad emocional; 2) hiperproducción de pensamientos; 3) hiperpreocupación por la imagen social.

La hipersensibilidad emocional hace que una persona viva el dolor de los demás, se preocupe por todo el mundo menos por sí misma, sufra intensamente cuando es ofendida y se derrumbe ante los pequeños problemas.

La hiperproducción de pensamientos representa el síndrome SPA, que es el síndrome del pensamiento acelerado. Por lo tanto, un síndrome tri-híper contiene el síndrome SPA, el cual genera fatiga excesiva debido al robo de energía cerebral provocado por el exceso de pensamientos, ansiedad, déficit de concentración, déficit de memoria, insatisfacción ante la rutina.

La hiperpreocupación por la imagen social hace que una persona espere mucho de los demás, gravite en torno de lo que dicen y piensan de ella. Un pequeño rechazo o crítica es capaz de arruinar su día o su semana.

Normalmente, las personas portadoras del síndrome tri-híper son las mejores personas de la sociedad. Son excelentes con los demás, pero pésimas consigo mismas. Al tener menos defensas, quedan más expuestas a los trastornos emocionales, como la depresión y la ansiedad.

Es difícil encontrar una persona que sepa proteger su emoción y, al mismo tiempo, gestione sus pensamientos con habilidad. Una persona que brilló en esa área fue Jesucristo. Si hacemos a un lado la cuestión teológica y analizamos la humanidad de ese personaje, quedaremos impresionados con su inteligencia. Sus comportamientos impresionan a la psicología.

Él sabía cómo y cuándo moriría, pero administraba sus pensamientos con increíble sabiduría. No sufría por anticipación ni gravitaba en torno a sus problemas. Sabía abrir las ventanas de su mente en situaciones en las que era casi imposible razonar, como cuando fue herido durante su juicio y maltratado en la cruz. Hizo de la capacidad de pensar un arte. Tenía plena consciencia de que si no cuidaba la calidad de sus pensamientos, no sobreviviría.

Los pobres fueron sus amigos y los marginados, sus compañeros. Siempre fue fiel a su pensamiento, aunque eso le causara innumerables problemas. No buscaba la fama ni vivía en función de lo que los demás pensaban y hablaban de él. Fue feliz y seguro en la tierra de la infelicidad y del miedo.

Con frecuencia, el humano moderno está enfermo en diversas áreas de la personalidad. No vive cada mañana como un nuevo espectáculo ni contempla el placer de los pequeños acontecimientos de la vida. Llena su memoria de basura y su personalidad adquiere una serie de conflictos.

Lo que piensas determina lo que sientes. Lo que sientes determina lo que registras en tu memoria. Lo que registras en tu memoria determina los cimientos de tu personalidad. Cuida tu calidad de vida cuidando tus pensamientos.

Capítulo 2

Prisioneros e infelices

Perder la capacidad de sentir placer

Aquellos cuya emoción gravita en torno a los efectos de las drogas son prisioneros e infelices. Si evaluáramos la historia de los jóvenes y adultos farmacodependientes, no pocos de ellos pasaron por tantos dolores que han pensado en el suicidio, con una frecuencia mucho mayor que el promedio de la población. ¿Por qué miles de jóvenes, al inicio de su historia con las drogas, izan la bandera del placer, pero cuando se instala la dependencia desean, aunque sea por momentos, el fin de la vida? Es raro que una persona que se sumerge en la cárcel de la dependencia no piense en el suicidio, aunque felizmente ese pensamiento no se materialice. ¿Qué clase de paradoja es ésa?

La vida humana no soporta ser aprisionada. La libertad es un embrión que habita en el alma humana y no puede morir. Si la libertad perece, aunque sea por la búsqueda de un cierto placer, el resultado es un caos en la emoción. Los usuarios de drogas son amantes de la libertad, pero, arteramente, matan aquello que más los motiva a vivir. Pasan por frecuentes crisis existenciales, muchas veces no exploradas por los profesionales de la salud. Y así, a medida que se hunden en esas crisis sucesivas, pierden el sentido existencial y caen en un tedio insoportable.

1. Psicoadaptarse a los pequeños acontecimientos de la vida

La psicoadaptación es uno de los fenómenos más importantes que actúan en el inconsciente, en los bastidores de nuestras inteligencias y afecta toda nuestra historia de vida. Yo identifiqué y estudié ese fenómeno a lo largo de muchos años de investigación psicológica. A través de él podemos comprender las causas que conducen al individuo a estar eternamente insatisfecho, un ser que siempre busca nuevas experiencias para garantizar su placer de vivir.

Haré una pequeña síntesis de ese fenómeno, sin entrar en áreas más profundas de su actuación psicodinámica. Quien desee estudiarlo, así como otros fenómenos que alimentan el bello y complejo funcionamiento de la mente, puede leer *Inteligencia multifocal.*

Psicoadaptación es la incapacidad de la emoción humana de sentir placer o dolor ante la exposición del mismo estímulo. Cada vez que los estímulos se repiten a lo largo de nuestra historia de vida, nos psicoadaptamos a ellos y, así, disminuimos inconscientemente la emoción que sentimos por ellos.

La repetición del mismo elogio, de la misma ofensa, del mismo paisaje, del mismo lienzo de pintura... hace que la emoción se psicoadapte y pierda la capacidad de reacción. Con el paso del tiempo nos volvemos insensibles. Las mujeres saben bien eso. Cuando compran una prenda de ropa y la usan por primera vez experimentan un gran placer. Sin embargo, después de usarla varias veces, pierden el encanto por esa prenda. El mundo de la moda surge por la actuación traicionera del fenómeno de psicoadaptación. La mayoría de las mujeres no sabe por qué tiene una necesidad compulsiva de someterse al rigor de la moda. En la base de esa necesidad, cada vez más común en nuestros días, está lo que pocos distinguen: una exacerbación de la actuación del fenómeno de psicoadaptación, que provoca un alto grado de ansiedad e insatisfacción.

La primera vez que colocamos un cuadro en la pared obtenemos el placer de cada uno de sus detalles. Después de un mes, tal vez pasemos frente a él sin siquiera notarlo. Podemos psicoadaptarnos a todo lo que está a nuestro alrededor. Incluso a nuestra propia miseria. Los que se adaptan a su miseria mental y social nunca conseguirán hacer una "limpieza" en sus vidas.

Cuanta más dificultad tenga una persona de obtener placer de aquello que posee, más infeliz y angustiada será, aunque tenga privilegios financieros. Es posible tener mucho y ser pobre en el núcleo de la emoción. Por eso siempre digo que hay ricos que viven en chozas y pobres que viven en palacios.

La psicoadaptación no siempre es mala. Hay situaciones en que resulta extremadamente útil, pues puede aliviar nuestros dolores y frustraciones. Al pasar por un fracaso, podemos quedar muy angustiados. Sin embargo, con el paso del tiempo nos psicoadaptamos a ese fracaso y, en consecuencia, podemos superarlo, así como la angustia que se deriva de él.

En el lado negativo, el fenómeno de la psicoadaptación contribuye en forma decisiva a generar, en el escenario de la mente humana, experiencias de tedio, rutina, monotonía y soledad. No obstante, incluso en esas situaciones podemos vislumbrar algo positivo en la actuación de ese fenómeno. El tedio y la rutina generan una insatisfacción oculta que nos impulsa a superarla. De esa búsqueda inconsciente de superación surge toda forma de creatividad humana. ¿Por qué la arquitectura, la literatura, la música y todas las formas de arte están en un proceso continuo de transformación? Mira el estilo de los autos, siempre están modificando su diseño. Muchos filósofos y pensadores de la psicología no lo comprenden, pero el fenómeno de la psicoadaptación genera una angustia existencial que impulsa al ser humano a buscar nuevas formas de placer, nuevos estímulos que lo animen.

A pesar de que ese fenómeno tiene la fuerza para impulsar la creatividad, si produce una insatisfacción continua y acentuada que no es superada, puede conducir a la inestabilidad emocional y a la angustia crónica. Padecen ese trastorno quienes nunca terminan lo que hacen y siempre se quejan de todo lo que tienen. Si aprendieran a ser amigos de la perseverancia, a lidiar con la angustia existencial y a contemplar los pequeños detalles de la vida, es posible que resuelvan ese trastorno emocional.

2. Perder la capacidad de sentir placer

¿Qué tiene que ver el fenómeno de la psicoadaptación con la farmacodependencia y con otras enfermedades mentales? ¡Mucho! La actuación de ese fenómeno genera una de las más graves consecuencias en el uso de drogas psicotrópicas y que la mayoría de los psiquiatras y psicólogos no comprende.

A medida que los usuarios se someten a los intensos efectos de las drogas, van psicoadaptándose a ellas y, en consecuencia, sólo logran excitar la emoción ante un estímulo potente. Como rara vez tenemos en el ambiente social estímulos que excitan la emoción tanto como las drogas psicotrópicas, los usuarios acaban perdiendo, sin darse cuenta, el placer producido por los pequeños estímulos de la rutina diaria.

Con el paso del tiempo, se vuelven infelices, con gran dificultad de sentir placer por la vida. Sólo logran animarse con los grandes eventos, tales como una fiesta o un espectáculo e, incluso así, necesitan consumir drogas para obtener alguna excitación emocional. De esa forma destruyen lentamente, y sin ser conscientes de ello, la parte más delicada de la inteligencia humana: la emoción.

Los hombres y mujeres que viven en los medios, que buscan el éxito como única meta, aunque nunca hayan consumido drogas, hicieron del propio éxito una "droga" y, por lo tanto, destruyen también el territorio de la emoción, pues pierden, inconscientemente, el placer por los pequeños detalles de la vida. El éxito no es ser continuamente feliz, sino construir la felicidad con las cosas sencillas de la vida. El Maestro de maestros de la escuela de la vida, Jesús, a pesar de ser alguien poderoso y famoso, todavía encontraba tiempo para contemplar con atención y embeleso los lirios de los campos.

Lo importante no es buscar desesperadamente el éxito, sino aprender a vivir desprendidos de la necesidad compulsiva de tenerlo. Lo principal, al contrario de lo que proclaman los pregoneros de la motivación, es ser especial por dentro, aunque seamos simples por fuera.

Más que cualquier otro ser humano, los usuarios de drogas buscan grandes aventuras pero, para nuestro horror, transforman sus vidas en una cantera de tedio y rutina. "Matan la gallina de los huevos de oro" del placer existencial.

Una parte considerable de los estímulos que le causan placer al ser humano no proviene de las grandes conquistas, como la adquisición de un auto nuevo o un elogio público, sino de los pequeños elementos de la rutina diaria, como el beso de un niño o una mirada cariñosa.

Quien no aprende a contemplar lo bello en una conversación relajada y en el colorido de las flores, en fin, en los pequeños detalles de la vida, invariablemente será un miserable en el territorio de la emoción, aunque sea culto, tenga estatus social y holgura financiera. El humano moderno en general, a pesar de ir al cine, tener un televisor, acceso a internet y otras formas de entretenimiento, no es alegre, seguro y libre dentro de sí mismo. Si el humano moderno tiene esa tendencia, imagina el caos emocional que enfrentan quienes viven en la cárcel de las drogas. Éstas hacen de sus vidas una sinfonía de dolor emocional.

Hasta hoy, no he encontrado un solo consumidor de drogas que me haya dicho que su vida fue un oasis de placer, pero encontré a muchos que me dijeron que ésta se había vuelto un desierto sin sabor.

¿Por qué muchos usuarios piensan en el suicidio? Por tres grandes motivos: 1) pierden la capacidad de sentir placer por la vida; 2) no adquieren la habilidad para trabajar sus pérdidas y frustraciones; 3) no saben soportar ningún tipo de ansiedad o depresión.

Los usuarios de drogas se comportan como si fueran los más fuertes, pues, si es necesario, ponen en riesgo sus vidas para obtener la droga, pero en el fondo son frágiles, pues no soportan ningún tipo de sufrimiento. El dolor emocional es un fenómeno inaguantable para ellos. No toleran el dolor que resistiría cualquier anciano o niño. Por eso buscan desesperadamente una nueva dosis de droga para sentir alivio. En ese sentido, muchos usuarios, después de volverse dependientes, consumen las drogas como tranquilizantes y antidepresivos, aunque éstas sean ineficaces.

Cuanto más se enredan en ese círculo vicioso, más se depriman. Cuanto más huyen de la soledad, más solitarios se sienten. Cuanto más huyen de la ansiedad, se vuelven compañeros de la irritabilidad y de la intolerancia. En los capítulos iniciales de su relación con las drogas viven la vida como si fuera una primavera incansablemente bella, pero en los capítulos finales pierden todas las flores que producen el encanto de la existencia y la transforman en un invierno permanente. Con las primeras dosis se sienten inmortales, se burlan del mundo y se sienten bien, pero con el paso del tiempo se matan poco a poco cada día. Definitivamente, consumir drogas es una falta de respeto a la propia inteligencia.

El tema de las drogas es mucho más serio que la cuestión moral o jurídica inherentes a ellas. No deben utilizarse porque son prohibidas y no sólo porque conllevan daños físicos, sino porque encierran la emoción en una cárcel, pulverizan el sentido de la vida y destruyen el más noble de los derechos humanos: la libertad.

La sabiduría de un ser humano no está en no errar y no pasar por sufrimientos, sino en el destino que les dé a sus errores y sufrimientos. ¿Quién puede eliminar todos los errores y angustias de la vida? ¡Nadie! No hay siquiera una persona que no pase por desiertos emocionales. Los sufrimientos pueden destruirnos o enriquecernos. Todas las personas portadoras de alguna enfermedad mental, incluyendo a los dependientes a las drogas, no deberían castigarse y sumergirse en una esfera de sentimientos de culpa, sin importar la duración de su enfermedad y la frecuencia de sus recaídas. Al contrario, deben asumir sus miserias con valor y desafío, y usarlas como fertilizante para enriquecer su historia. En eso consiste la sabiduría.

No debemos olvidar que quienes pasan por el caos y lo superan se vuelven más bellos por dentro. Quienes pasan por la depresión, trastorno de pánico, dependencia a las drogas y los vencen, se vuelven poetas de la vida. Conquistan experiencia, solidaridad y sabiduría.

3. Nunca renunciar a uno mismo

¿Por qué el tratamiento para el uso de drogas es uno de los más difíciles de realizar, ya sea por medio de clínicas de rehabilitación o mediante consultas ambulatorias? Porque el problema no está, como dicta el sentido común, en las drogas como sustancia química. El problema está, como estudiaremos, en la fisura que producen en el inconsciente, en la historia anónima registrada en la memoria.

Durante muchos años, la cirugía cardiaca fue la intervención médica con menores posibilidades de éxito. Hoy en día, la probabilidad de que una persona muera en el proceso quirúrgico o en el posoperatorio es mínima. El éxito supera 99 por ciento de los casos.

Y en el caso de la dependencia a las drogas, ¿cuál es el porcentaje de recuperación? Faltan estadísticas en todo el mundo. Una estadística sólo es válida si hubo un seguimiento de los pacientes después de años de tratamiento. Sin embargo, sabemos que las posibilidades de éxito en el tratamiento de la farmacodependencia, aunque sean reales, están subordinadas a la colaboración del paciente y representan unas de las más bajas de la medicina.

En muchas clínicas, solamente 20 a 30 por ciento de los pacientes que buscan ayuda espontánea deja de consumir la droga; eso si consideramos dos años de abstinencia como criterio mínimo de recuperación. Los índices de eficiencia del tratamiento del cáncer con frecuencia son mayores que los de la dependencia a las drogas. Sin embargo, es posible aumentar esos índices si el paciente colabora con el tratamiento y sigue determinados principios, de los cuales dos son fundamentales: 1) tener la firme convicción de no querer ser una persona enferma; y 2) nunca renunciar a sí mismo.

4. Dios, la psiquiatría y la psicología

El tratamiento psicológico es importante, pero existe algo que la psiquiatría y la psicología no pueden hacer, que es rescatar el sentido de la vida de los adictos. Ellos necesitan de la ciencia, pero también necesitan de Dios, creer y respetar la vida y amar a su Creador. La vida es un espectáculo tan grande que la ciencia no puede describirla.

¿Qué es la vida? No hay lenguaje que pueda describirla plenamente. Es posible escribir millones de palabras sobre la vida y, aun así, ser impreciso e injusto en relación con sus dimensiones. Vivimos en una burbuja del tiempo. Las preguntas básicas concernientes a la vida nunca han sido resueltas: ¿quiénes somos? ¿Hacia dónde vamos? ¿Cómo es posible rescatar la identidad de la personalidad si, después de que el cerebro muere, los secretos de la memoria se deshacen en miles de millones de partículas? ¿Qué pensador o científico logró, a lo largo de la historia, dar respuestas a esas preguntas? Si sólo las buscaron en los suelos de la ciencia, se fueron a la tumba con sus dudas.

Al final de este libro comentaré que, en el pasado, yo creía que Dios era tan sólo un fruto de la imaginación humana. Creía que la búsqueda de Dios era una pérdida de tiempo. Hoy pienso totalmente diferente. Aunque sea crítico del misticismo y procure ser muy científico en lo que hago, percibo que hay un "agujero" en el centro del alma y del espíritu humano que los antidepresivos y las intervenciones psicológicas no pueden llenar: sólo el Autor de la vida puede alcanzar este lugar.

Los farmacodependientes no son personas desprovistas de inteligencia. Al contrario, muchos de ellos son críticos de la sociedad y poseen la tendencia a buscar grandes respuestas filosóficas para la vida, pero como no las encuentran, intentan hallarlas en las drogas. No obstante, deberían buscar esas respuestas dentro de sí mismos.

Podemos ayudar a los pacientes a superar la farmacodependencia, la depresión, el trastorno de pánico y otros de naturaleza ansiosa, pero no podemos devolverles el placer de vivir y el sentido de la vida. La psiquiatría y la psicología tratan las enfermedades mentales, pero no saben qué hacer para que la persona sea alegre. Si lo supieran, los psiquiatras y los psicólogos serían los más felices de la Tierra, pero por desgracia no pocos entre ellos también tienen un estado de ánimo triste y desarrollan depresión.

En mi experiencia clínica, he visto claramente que la búsqueda de Dios, independientemente de una religión, si es hecha a consciencia, puede traer salud y tranquilidad en el territorio de la emoción. En el libro *Análisis de la inteligencia de Cristo. El Maestro del amor* demostré que Jesucristo creció en un ambiente agresivo y estresante. Tenía todos los motivos para ser depresivo y ansioso, pero, para nuestra sorpresa, estaba lleno de alegría y seguridad. Incluso en el ápice de su dolor, lograba hacer brillar su inteligencia.

5. *Superar el caos*

Si el adicto se psicoadapta a su miseria, si ya no tiene esperanzas de ser libre, no hay cómo ayudarlo, pues se ha tragado la llave de su libertad. Del mismo modo, si un paciente con depresión u obsesión crónica se conforma con su enfermedad, y no cree que podrá resolverla, se habrá convertido en su peor enemigo, habrá creado una barrera insuperable que le impedirá recibir ayuda. Es preciso romper la dictadura del conformismo: en caso contrario, nunca encontraremos la libertad.

Uno de los mayores enemigos de la especie humana es su baja autoestima. La autoestima no como orgullo superficial y autosuficiente, sino como respeto y consideración por la vida, es fundamental. La persona que desprecia la vida y la considera un bote de basura, jamás estará en condiciones de romper la cárcel de su enfermedad.

Es posible resolver las enfermedades más graves y crónicas con la psiquiatría, incluso si los tratamientos previos han fracasado. Lo importante es no renunciar nunca, jamás abandonarse a sí mismo. Es posible volver a comenzar siempre, recuperar las fuerzas y abrir las ventanas de la mente hacia una nueva vida.

En todos esos años de investigación psicológica, me he dado cuenta de que nada cultiva más una enfermedad que tener una postura de víctima ante ella, mostrarse como un pobre miserable ante la vida. Por otro lado, nada destruye más una enfermedad y deshace sus mecanismos inconscientes que enfrentarla con valor e inteligencia.

Vi a personas que se levantaron del caos y conquistaron una nueva vida. Vi a personas que tenían más de veinte años de dependencia a las drogas que varias veces estuvieron a punto de morir por sobredosis y que se sentían impotentes ante la cárcel de la dependencia, pero por fin la vencieron. Vi a gente con más de treinta años de depresión grave que pasaron por las manos de muchos psiquiatras, tomaron casi todo el arsenal de medicamentos disponible, habían perdido completamente la esperanza de vida y, por fin, rescataron el placer de vivir. Vi a pacientes portadores de graves trastornos de pánico que tuvieron una fobia social como secuela, que dejaron de convivir socialmente por más de quince años, pero que superaron la fobia y volvieron a brillar. Vi a personas que por décadas tuvieron trastornos obsesivos y sufrieron como los más miserables de los seres humanos por sus ideas fijas de contenido negativo, pero que aun así aprendieron a gestionar sus pensamientos y volvieron a tener encanto por la vida.

En fin, vi a pacientes considerados irrecuperables, desanimados por tantos tratamientos fracasados, que consiguieron rescatar el liderazgo del yo en los focos de tensión, y enfrentaron con osadía no sólo su enfermedad, sino su propio desánimo. Tales personas dejaron de ser espectadoras pasivas y se convirtieron en agentes modificadores de su miseria.

6. Un debate serio

En este libro pretendo crear un debate serio sobre la farmacodependencia y otras enfermedades. Un debate serio no implica
desánimo, aunque muestre la gravedad del problema. Tal vez el
mayor desafío de la medicina y la psicología modernas sea el tratamiento de la farmacodependencia. Es posible reescribir el significado inconsciente de las drogas en la memoria, es posible izar
la bandera de la libertad, aunque con lágrimas. Lo que no es posible es cambiar la historia de quien está muerto.

Los gobiernos deberían ser más sensibles en relación con
este grave problema social. A causa de la cárcel de las drogas,
millones de jóvenes están dañando y hasta destruyendo drásti-
camente su personalidad, su desempeño intelectual y, en consecuencia, el futuro de su propio país. Se requieren recursos y
capacitación para aumentar los índices de eficiencia.

Si hay un área abandonada por la sociedad y por el Estado es
la de la farmacodependencia. Las entidades que cuidan el tratamiento ambulatorio y la internación de esos pacientes necesitan
apoyo. Quienes trabajan en esas organizaciones son verdaderos
héroes. Dan lo mejor de sí y de su tiempo para ayudar a sus semejantes, y a veces sin remuneración alguna o con baja remuneración. Se ofrecen como poetas anónimos.

7. Una guerra formada por muchas batallas

Nunca debe encararse una recaída como la pérdida de una guerra. Una guerra está compuesta por muchas batallas. Se debe encarar la recaída como la pérdida de una de las batallas. Irrigar con esperanza a un usuario de drogas y estimularlo a seguir luchando contra la dependencia, incluso después de las recaídas, es fundamental para ayudarle a vencer los grilletes de la prisión interior.

Del mismo modo debemos lidiar con el resto de los trastornos mentales. Si una persona tiene un nuevo ataque de pánico o una nueva crisis depresiva, después de un periodo de estabilidad, y no sabe cómo levantarse, alimentará su enfermedad. Es fundamental no dejar que los pensamientos negativos como "No tengo remedio" o "Ya volvió todo de nuevo" se enraícen en la psique; en caso contrario, un sentimiento de desánimo paralizará la capacidad de luchar. El gran problema no es la recaída, sino lo que se hace con ella.

Para evitar los deslices o convertirse en una persona más fuerte después de una recaída, se necesita una verdadera ingeniería intelectual, que se compone de varios elementos:

1) Nunca renunciar a sí mismo. Intentar siempre. Aprender a ser un agente modificador de su historia.
2) No adaptarse a la enfermedad, es decir, no autoabandonarse.
3) No tener miedo de los dolores y frustraciones, sino trabajarlos con dignidad.

4) Aprender a obtener placer de los pequeños acontecimientos de la vida.

5) Rescatar el liderazgo del yo en los focos de tensión (tema que será estudiado en el penúltimo capítulo).

Ningún tratamiento puede coronarse con el éxito si los pacientes no enriquecen su historia emocional y fortalecen su capacidad de administrar sus pensamientos.

Muchos prometen que nunca más consumirán drogas. Algunos dicen: "Por mis hijos nunca más voy a consumir drogas". Otros prometen: "Por mis padres, jamás volveré a consumir drogas". Y otros, tomando las lágrimas como su bandera, proclaman: "Las drogas ya no forman parte de mi vida".

¿Todos son sinceros en esas afirmaciones? Sí. Pero ¿por qué no las sostienen? Porque no conocen el funcionamiento de la mente, no comprenden la sinuosidad de la construcción del pensamiento, no saben que en los focos de tensión su inteligencia se bloquea y se ven imposibilitados de razonar con libertad.

Los usuarios de drogas son los que más promesas hacen en el mundo y los que menos las cumplen (sólo algunos políticos les ganan).

Dejo un mensaje a quienes nunca consumieron drogas. Un mensaje no moralista, sino de alguien que conoce un poco la cárcel de la emoción e investiga el funcionamiento de la mente: no es necesario consumir drogas para conocer su efecto; si alguien insiste en consumirlas, que busque la opinión de quienes quieren liberarse de ellas.

La mayoría de las personas que experimenta con drogas no se vuelve dependiente. Sin embargo, el uso continuo de drogas en los archivos de la memoria es tan grave que se justifica la advertencia de que no es necesario consumirlas. Se justifica tanto como la prevención contra el sida. Ningún médico con buen sentido común aconseja a alguien que tenga relaciones sexuales con múltiples compañeros, incluso sabiendo que difícilmente se puede contraer el virus VIH en solo un acto sexual. Lamentablemente, muchos acaban teniendo la experiencia del uso de drogas a pesar de todas las advertencias. Y, lo que es peor, suelen tener la experiencia cuando no están preparados para tenerla, cuando están débiles, pasando por conflictos y crisis existenciales. En esos momentos, están más vulnerables a caer en los redes de la peor prisión del mundo.

8. La memoria y los cimientos de la personalidad: el fenómeno RAM

Todos los días creamos innumerables cadenas de pensamientos, ansiedades, sueños, ideas negativas y anticipatorias, angustias, placeres, que son archivadas automáticamente en la memoria. En un año registramos millones de experiencias.

El registro de las experiencias en la memoria es involuntario, no depende de la voluntad consciente de la persona. Tú puedes ser libre de ir a donde quieras, pero no eres libre de decidir lo que quieres registrar en tu memoria. Si viviste malas experiencias, éstas se depositarán en los rincones inconscientes de la memoria. Si experimentaste angustia, una situación de miedo, una crisis de agresividad, ten la certeza de que todo eso quedó registrado en tu memoria.

Cuidar de la calidad de lo que se registra en nuestra memoria es más importante que cuidar de nuestras cuentas bancarias. En éstas, tú depositas dinero; en aquélla, haces depósitos que financiarán tu riqueza emocional.

A medida que las experiencias se registran automáticamente en la memoria, ocurre la formación de la historia de vida o historia de la existencia. Los besos de los padres, los juegos de los niños, los desprecios, los fracasos, las pérdidas, las reacciones fóbicas, los elogios, en fin, toda y cualquier experiencia del pasado conforma la colcha de retazos del inconsciente de la memoria que influye en nuestras reacciones en el presente.

Las computadoras necesitan órdenes para registrar, esto es, para "salvar" la información. Sin embargo, la historia es muy importante para la producción de la inteligencia, incluso para tener la propia capacidad de decisión, ya que la mente no nos da la libertad de querer tenerla o no.

Cada pensamiento y emoción son registrados automáticamente por un fenómeno que llamo RAM (registro automático de la memoria). El ser humano no comprendería sus derechos si no tuviera una historia. Sin ella, ni él mismo produciría pensamientos o sería consciente de su existencia. De esa forma, el todo y la nada, el ser y el tener serían lo mismo para él.

¿Todas las experiencias que poseemos se registran con la misma intensidad? ¡No! Existen diversas variables que influyen en el registro. Una de ellas es el grado de tensión positiva o negativa que las experiencias poseen. Las más dolorosas o placenteras se registran con más intensidad.

El fenómeno RAM registra más intensamente las cadenas de pensamientos que tienen más ansiedad, tensión, aprensión o placer. Si vivimos una experiencia angustiante ante un fracaso, podremos intentar evitar registrar esa experiencia, pero de nada sirve, ésta se registrará involuntariamente, y de manera privilegiada, en virtud de la intensa ansiedad que la acompaña.

Debemos tener claridad en relación con estos asuntos. Cada vez que vivimos una experiencia con un alto compromiso emocional, como un elogio, una ofensa pública, una derrota, un fracaso, el registro será privilegiado. Por ser privilegiado, tal registro pavimentará las avenidas importantes de nuestra forma de ser y de reaccionar ante el mundo. Por eso es muy importante que los niños sean alegres, tengan amigos, jueguen y estén rodeados de un ambiente saludable para exponer lo que piensan.

Los niños deben tener infancia, deben registrar una historia de placer, creatividad e interacción. Un niño alegre generará un adulto con alta capacidad de placer de vivir. Un niño rígido generará un adulto inexpresivo, tímido, inseguro.

No es saludable que los niños crezcan exclusivamente ante la televisión, los videojuegos, el internet y haciendo todo tipo de cursos, como idiomas o computación. La historia archivada en la memoria de un niño define los pilares maestros del territorio de la emoción y del desempeño intelectual de un adulto.

Por fortuna, la emoción no obedece a las matemáticas financieras. A veces tenemos niños que pasaron por muchas dificultades y sufrimientos en la infancia, pero que, por algunos mecanismos propios, aprendieron a filtrar los estímulos estresantes del ambiente. Así, a pesar del caos de la infancia, se convirtieron en alegres y seguros.

En resumen, tenemos tres situaciones importantes. Primero, el fenómeno RAM registra automáticamente las experiencias. Segundo, el fenómeno RAM tiene afinidad por las experiencias de mayor tensión. Tercero, la retroalimentación, que estudiaremos más adelante, determinará la dimensión del conflicto que tendrá una persona determinada. Aplicando esos principios al uso de drogas, entenderemos la confección de la cárcel interior en la que ciertas personas se involucran sin darse cuenta.

9. Viejos en cuerpos jóvenes

Las personas dependientes de las drogas poseen una cantidad de experiencias emocionales mucho mayor que quienes no las consumen. Esas experiencias son también cualitativamente más tensas que las del promedio de los mortales. Están saturadas de ansiedad, estado de ánimo depresivo, desesperación, situaciones de riesgo de vida, frustraciones. El fenómeno RAM va registrando continuamente esas experiencias en zonas privilegiadas de la memoria, lo cual las deja más disponibles para ser leídas y utilizadas.

¿Cuál es el resultado? Uno de los más graves es que muchos jóvenes desperdician etapas preciosas de la vida. Chicos que son físicamente tan jóvenes producen, en pocos años, una película de terror en su inconsciente. En pocos años, adquieren un *stock* de experiencias que muchos viejos jamás tendrán en toda su jornada de vida. Eso puede ocurrir también con las personas que se someten a un estrés intenso y continuo, a una competencia profesional predatoria y sin tregua, o a los portadores de determinados trastornos ansiosos y depresivos.

Hace pocos días, atendí a otro paciente farmacodependiente con una historia dramática. Le pregunté si había tenido ideas de suicidio. Sin titubear, me respondió que "muchas". Indagué si había perdido el placer de vivir. Me dijo, con todas sus letras, que había perdido el sentido de la vida. Le mostré que el fenómeno de la psicoadaptación lo había envejecido emocionalmente, que muchos ancianos que están en los asilos eran más felices y tenían más ganas de vivir que él. Él estuvo de acuerdo y añadió:

"No soporto ver personas alegres y espontáneas a mi alrededor. Siento rabia y envidia de ella, pues ya no puedo sentir placer por la vida".

Ese paciente consume drogas desde hace quince años. En los últimos años consumía cocaína y crack casi cotidianamente. Su edad biológica es de veintinueve años, pero emocionalmente tal vez supere los cien. Sin embargo, a pesar de estar viviendo en la peor prisión del mundo, él puede liberarse de esa cárcel, como tantos otros, y volver a ser libre en sus pensamientos y rejuvenecer su capacidad de sentir placer por la vida. El primer paso para que alguien conquiste su libertad y no se conforme con su miseria: asumir su enfermedad, pero jamás conformarse con ella. Este principio vale para todas los padecimientos mentales.

10. El único lugar donde es inadmisible envejecer

Es un hecho doloroso, pero verdadero: he encontrado muchos viejos en cuerpos jóvenes. Chicos que perdieron la sencillez y el encanto por la vida, envejecieron en el único lugar en donde es inadmisible envejecer: el territorio de la emoción. Es natural que el cuerpo envejezca, pero es anormal que la emoción se vuelva vieja. Tal envejecimiento genera una vida llena de tedio, triste, sin sabor e insatisfecha. Por eso con frecuencia se desencadena la depresión en muchos adictos.

El efecto psicotrópico de las drogas, sea estimulante, tranquilizante o alucinógeno, asociado a las más diversas situaciones emocionales en el momento del uso, hace que el fenómeno RAM cree una película que roba el brillo a sus vidas. Como estudiaremos, la recuperación de un farmacodependiente es mucho más compleja que la abstinencia del uso de drogas. Es necesario reaprender a vivir, reaprender las líneas básicas de la contemplación de lo bello.

Después de tener consciencia de la cárcel de la dependencia, dicen unánimemente: "Yo jamás querría haber conocido las drogas". Otros cuestionan, indignados: "¿Por qué no puedo ser libre?". Otros, en un centelleo de soñador, comentan: "Me gustaría rescatar mi placer de vivir y admirar la belleza de las flores".

De hecho, uno de los mayores problemas de los usuarios de drogas, y que hasta hoy no ha sido comprendido en los compendios de psiquiatría y psicología, es que la película de la memoria no para de rodarse. Cada vez que consumen drogas, se filman algunas escenas en zonas privilegiadas de la memoria. Poco a poco se teje una emoción fluctuante, insatisfecha e intranquila. Se va formando, clandestinamente, una mente sin metas ni sueños. Se va construyendo una personalidad insegura y sin valor para cambiar los destinos de la vida.

Estudiaremos que el gran problema, al contrario de lo que se piensa en la educación, es que la memoria no puede ser apagada, borrada, ni siquiera eliminada, sólo reeditada. El mayor desafío terapéutico no es sólo hacer que el usuario se aparte temporalmente de la sustancia química, sino conducirlo a reeditar la propia película de su historia, lo que significa reescribir el *script* de la propia vida.

Capítulo 3

El carácter de la dependencia

El sufrimiento de quienes buscan la libertad,
pero acaban en una prisión

Aunque sea un asunto de todos los estratos sociales y de los medios de comunicación, la problemática de las "drogas" permanece oscura, si no es que distorsionada, sujeta a interpretaciones vagas, incluso entre los profesionales de la salud mental. Por eso, vale la pena insistir en algunas aclaraciones:

Las causas que inducen a un joven a iniciarse en el consumo de drogas son muy complejas, e involucran factores psíquicos, familiares y sociales; la dependencia física y la psicológica lo mantienen preso en el tiempo y pueden quitarle la vida o perjudicar su desempeño intelectual y profesional.

Bajo el dominio de necesidades imperiosas provocadas por la dependencia, el usuario de drogas continúa consumiéndolas, incluso contra su propia voluntad, para eliminar el sufrimiento y, en consecuencia, intentar obtener algún placer.

1. *La paradoja de la búsqueda del placer y el encuentro con el dolor*

En el diálogo con los adictos se descubre una increíble contradicción con respecto al uso de drogas. Lo que las personas, en su mayoría jóvenes, buscan y sueñan con encontrar es totalmente divergente de aquello que realmente hallan. Buscan aventura y libertad, y acaban presos en la más amarga de las cárceles. Quieren un mundo diferente del ofrecido por sus familias y la sociedad, un mundo en el cual nada los controlará, en el cual harán sus "viajes" sin ser importunados, pero acaban transformándose en los más limitados, los más manipulados de los seres, controlados por sustancias tan minúsculas e insignificantes.

2. Ejemplo de un caso verídico

Cualquier persona que consume drogas conseguirá identificarse un poco con la historia de este joven dependiente, que es uno de mis pacientes.

Él se llama J. V. y tiene veintiséis años. Abandonó la universidad casi al final de la carrera. Pertenece a una familia de buen nivel cultural y financiero, tuvo una infancia sin grandes conflictos, aunque tenía una postura autosuficiente que lo llevaba a reaccionar antes de pensar y tenía dificultades para ponerse en el lugar de los demás.

Tenía problemas de relación con sus padres, que intentaban inútilmente atraerlo a una convivencia más íntima con la familia. A los doce años, criticaba al novio de la hermana porque consumía marihuana. Parecía que sentía aversión por las drogas, pero no tenía metas bien establecidas ni grandes sueños. Un día, bajo la influencia de sus amigos, que es una de las causas más importantes del uso de drogas, comenzó a consumir aquello que aparentemente rechazaba.

Empezó a fumar marihuana, pero nunca con la intención de hacerse dependiente, sólo para "disfrutar el momento". Para aliviar su conciencia, daba la disculpa de siempre: "El cigarro causa más daños que la marihuana". Quería justificar el uso de una droga por medio de otra, el cigarro, aunque éste sea comercialmente aceptado y socialmente permitido.

Se sabe, principalmente porque la ciencia lo ha estudiado más, que el cigarro provoca más daños físicos que la marihuana, desde el infarto al cáncer. Sin embargo, el tetrahidrocannabinol, sustancia psicoactiva de la marihuana, perjudica más el territorio de la emoción que la nicotina del cigarro. En virtud de su alto potencial tranquilizante, la marihuana conduce a los usuarios continuos a disminuir su capacidad de motivación y liderazgo. Se vuelven personas sin empuje, sin dinamismo, sin intrepidez y coraje para ocupar sus espacios profesionales y para superar obstáculos sociales. Lamentablemente, nadie habla o estudia ese asunto.

Al principio, J. V. era un consumidor esporádico. Con el paso del tiempo, pasó a ser un consumidor continuo y, durante trece años, hizo una verdadera escalada en la utilización de drogas, pasando por muchas de ellas: supresores del apetito, jarabes antitusígenos —cuya fórmula contiene codeína—, té de hongos, LSD, tranquilizantes, cocaína, crack y PBC (pasta base de cocaína), etcétera.

En los últimos cinco años, su vida social fue totalmente irregular. No trabajaba, dormía hasta el mediodía. Sin embargo, decía ser el más controlado de su grupo de compañeros de "vicio", cuidando que ellos no se excedieran, pues temía los efectos de la sobredosis, ya que algunos habían muerto por paro cardiorrespiratorio. Pero eso no evitó que él mismo se convirtiera en un gran consumidor de cocaína y traficante intermediario para solventar el alto costo de su vicio.

En esa fase, llegó a tener un kilo de cocaína en las manos. Estaba tan aprisionado dentro de sí mismo que no se daba cuenta de los graves riesgos que corría, incluso el de pasar varios años en una celda. Paradójicamente, quien insistía para que sus amigos no excedieran la dosis acabó siendo manipulado gradualmente por la droga, y comenzó a tomar dosis cada vez mayores.

En sólo una noche, llegó a aplicarse veinte inyecciones de cocaína en las venas, dosis que para la mayoría de las personas sería letal; sí mencionó que sentía serias alteraciones en el ritmo cardiaco y respiratorio. Cada vez que consumía la droga, J. V. controlaba atentamente su frecuencia cardiaca, siempre temeroso de sufrir una muerte súbita, pero ni siquiera ese miedo a la muerte lograba liberarlo de su prisión interior.

3. Algunos principios de terapia multifocal

Ese paciente pasó por algunos tratamientos psicológicos y psiquiátricos frustrantes y, por fin, llegó a mi consultorio desanimado y desconfiado. Apliqué los principios de la terapia multifocal, que estudiaremos en los textos finales. Él ya no creía que alguien pudiera ayudarle.

Primero, procuré crear, en el ambiente terapéutico, un ambiente inteligente, irrigado con un diálogo abierto, franco, sin prejuicios. En ese ambiente, intenté ganarme su confianza, principalmente valorando sus cualidades de personalidad, para rescatar su autoestima y mostrarle que comprendía su dolor y sus fragilidades.

En segundo lugar, intenté mostrarle que estar bajo el dominio de las drogas es una enfermedad, y que él tenía que enfrentar un tratamiento de manera totalmente nueva: necesitaba olvidarse de las frustradas tentativas anteriores y recomenzar todo. Enfaticé que la sabiduría no está en no equivocarse, sino en usar los errores como cimientos para la madurez.

En tercer lugar, me empeñé en ayudarle a rescatar el liderazgo de su yo de los focos de tensión, en conducirlo a tener una voluntad dominante, alentándolo a ser más fuerte que su impulso para consumir la droga. Le mostré lo absurdo de la situación: un ser humano tan inteligente controlado por tan ínfimas sustancias.

Finalmente, trabajé en el sentido de hacerle perder la representación psicológica inconsciente que las drogas tenían en su personalidad. Este último paso fue el más importante. Veamos.

4. Una historia de amor

Para entender lo que sucedió, vamos a dar un ejemplo y establecer una comparación.

Cuando un joven termina la relación con su novia, pero todavía sigue pensando en ella, la enamora en sus sueños y, cuando la ve, tiene taquicardia y otros síntomas físicos; entonces la posibilidad de que él reactive ese romance es grande, pues la joven todavía representa algo importante para él, aunque esté físicamente separado de ella.

Lo mismo ocurre con la dependencia a las drogas. Cuando un joven deja de consumirlas, pero sigue pensando en ellas, sueña con ellas y recuerda los efectos que ellas propiciaban cuando estaba atravesando por algún conflicto o todavía siente deseo por ellas cuando alguien se las ofrece; entonces es muy probable que un día vuelva a consumirlas, pues el "romance" aún no ha terminado en los rincones de su memoria.

Actualmente, el paciente J. V. está perdiendo la representación psicológica de las drogas. Ahora se levanta temprano y se va a trabajar. Rescató el placer de vivir. Su relación familiar mejoró, existe un diálogo y una mayor proximidad entre él y sus familiares.

No es suficiente dejar de consumir las drogas; es preciso que ellas pierdan su representación interior, es decir, el significado psicológico que ocupan en la vida de la persona. En caso contrario, el romance podrá ser reavivado un día, principalmente porque las drogas siempre están disponibles.

5. *No todo lo que propicia el placer es saludable*

A partir del relato de la experiencia de ese joven, no se puede negar que las drogas proporcionan placer a los usuarios. No hay por qué sorprenderse de eso, aunque cuando se instala la dependencia, ellos las consumen más para aliviar sus angustias existenciales. Si no fuera así, no atraerían a tantas personas.

No todo lo que da placer es saludable y recomendable. Lo que debemos ver, y que tenemos que explicar a los jóvenes, son las consecuencias físicas y psicológicas que su uso conlleva. Imagina a una persona en lo alto de un edificio, con ganas de saltar de ahí como si fuera un ave, para experimentar la libertad. Por algunos segundos, podrá sentir algún tipo de placer. Sin embargo, al término de su corto viaje sufrirá el impacto contra el suelo. Eso no es placer, sino suicidio.

Del mismo modo, no importa si las drogas producen o no placer, si proporcionan viajes cortos o largos: sus consecuencias, especialmente cuando se construye una representación enfermiza de ellas en el inconsciente, son siempre destructivas.

No consumir drogas no es suficiente para volver a una persona segura, libre, lúcida y emprendedora, ya que para alcanzar tales características es necesario desarrollar las funciones más importantes de la inteligencia. Por lo tanto, no consumir drogas no quiere decir que vivamos en una bella primavera; sin embargo, mantener un "romance" con ellas ciertamente significará vivir un largo y riguroso invierno existencial.

Tenemos que usar el máximo de nuestra creatividad e inteligencia para poder realizar una prevención eficiente y, así, evitar que muchos caigan en ese foso emocional. La educación escolar puede aportar una excelente contribución a ese proceso. No obstante, y por desgracia, ésta también ha sido ineficiente. Veamos una investigación.

6. La educación necesita pasar por una revolución

He impartido conferencias y cursos a cientos de educadores, por eso he sentido de cerca el caos en el que está inmersa la educación, que está pasando por una crisis en el mundo entero. Estamos formando hombres y mujeres cultos, pero no hombres y mujeres pensantes. Estamos formando personas que dan respuestas al mercado, pero no personas maduras, completas, que sepan interiorizarse, pensar antes de reaccionar, exponer y no imponer sus ideas, trabajar en equipo, hombres y mujeres que amen la solidaridad, que sepan ponerse en el lugar del otro.

La crisis educativa me motivó a hacer una amplia investigación en Brasil sobre la calidad de vida de los educadores y de los alumnos, y sobre la calidad de la educación social. Comencé a principios de 2000 con educadores de cientos de escuelas. En esta investigación, analizo los síntomas psíquicos y psicosomáticos, los grados de estrés, las causas psíquicas y sociales, la relación maestro/alumno, maestro/escuela y la calidad de la educación social ligada a la prevención de drogas, sida y educación sexual. Los primeros datos relativos a la prevención del uso de drogas son incluso estremecedores:

Pregunté a los educadores: "¿Qué piensa sobre la prevención de las drogas en su escuela?".

Los números son de hecho alarmantes. A pesar de que la educación cuenta con profesores ilustres, es ineficiente en la prevención del problema social más grave de la actualidad. Gran parte de los maestros declaró con honestidad que la educación social está en quiebra, y eso no sólo en relación con la prevención del consumo de drogas.

¿Qué están aprendiendo nuestros alumnos a lo largo de su historia educativa? Están aprendiendo matemáticas, física, química, biología, pero no a vivir, a proteger sus emociones y a desarrollar el arte de pensar. La educación tiene que pasar por una revolución. Los maestros deberían estar capacitados y equipados para actuar en el campo de la prevención y de la calidad de vida de los alumnos. Deberían estar mejor remunerados para tener una vida digna y menos agotadora. Educar es una de las tareas más placenteras, pero también una de las que más desgastan la inteligencia.

Los primeros datos de la calidad de vida de los educadores muestran que son verdaderos héroes anónimos. Muchos experimentan tanto estrés que no están en condiciones de dar clases, pero, aun así, por amor a la profesión y por el placer poético de enseñar, están en plena actividad. La cantidad de síntomas mentales y psicosomáticos que el gremio de los educadores está padeciendo es enorme, tales como insomnio, desmotivación, cansancio físico exagerado, estado de ánimo depresivo, hiperaceleración de pensamientos, ansiedad, cefalea, vértigo (mareos).

Es difícil llevar a cabo la educación social no sólo por los problemas propiamente ligados a la escuela, sino también por los problemas ligados a la personalidad de los alumnos y por la debilitada calidad de vida de los educadores. Gran parte de los alumnos sólo se preocupa por el placer inmediato, está alienada socialmente y no piensa en el futuro ni en las consecuencias de su comportamiento. ¿Los resultados? Uno de los más graves es que muchas veces el salón de clases se convierte en un verdadero campo de guerra y no en una cantera de inteligencia o un ambiente de placer.

Maestros y alumnos habitan en mundos diferentes, con objetivos distintos. Por un lado, están los maestros queriendo enseñar y, por el otro, se encuentran los alumnos, cuya mayoría, con las debidas excepciones, no tiene, como Platón proclamaba, el deleite por el conocimiento, el placer de aprender. En la época de Platón, el maestro era casi exclusivamente la única fuente de conocimiento. Hoy las fuentes se han multiplicado. Los maestros son sólo una fuente más. A los ojos de los alumnos, ellos se volvieron personas poco interesantes, que no pueden competir con la televisión, el internet y otros medios de comunicación. He afirmado repetidamente que la psicopedagogía escolar necesita pasar por un verdadero cambio radical para que los profesores conquisten nuevamente el estatus de maestro. Sin embargo, esa es materia para otra publicación.

Si ya es difícil enseñar las materias clásicas, externas a la vida de los alumnos, ¡imagina cuán difícil sería enseñar materias que los estimulen a pensar, a revisar sus rumbos de vida, a lidiar con sus emociones! Por eso, de cara a la crisis educativa actual, la prevención de enfermedades psicosociales, como las producidas por las drogas, ha sido mínima.

Todos los días, miles de jóvenes se inician en el uso de drogas y muchos de ellos se volverán dependientes y el curso de sus vidas se alterará totalmente. ¿Cómo desarrollarán los alumnos una personalidad saludable, si sólo logran ver el mundo a través de sus propios ojos, si no pueden ponerse en el lugar del otro y no tienen la mínima defensa emocional contra las enfermedades que confinan a la inteligencia en una cárcel?

Si mejoráramos la calidad de vida de los educadores, capacitándolos para conocer el funcionamiento de la mente y ser capaces de estimular las funciones más importantes de la inteligencia de los alumnos, ¿sería posible revertir ese cuadro? Si no lo revertimos, las sociedades modernas se volverán una fábrica, cada vez mayor, de enfermedades mentales.

Capítulo 4

El funcionamiento
de la mente

La ciencia investiga el más grave problema social

¿Qué sucede en el inconsciente que hace que la dependencia se vuelva la cárcel más rigurosa de la inteligencia, o la peor prisión del mundo? ¿Por qué, en todo el orbe, miles de jóvenes de bachillerato y universitarios, que tienen acceso a tanta información, no pueden usar su cultura para romper los grilletes de esa prisión? Para desvelar ese proceso, es necesario que entremos en algunas áreas ocultas de la mente.

La dependencia a las drogas no sólo alcanza a los jóvenes. Conozco también varios padres, maestros, empresarios y ejecutivos que se volvieron adictos y, por desgracia, debe de haber miles de ellos esparcidos por la sociedad moderna. ¿Por qué esas personas, que son conscientes de la cárcel de las drogas, enfrentan también una gran dificultad para reconstruir nuevos capítulos en sus vidas? ¿Qué hace que personas lúcidas sean prisioneras en el territorio donde deberían ser más libres? Además de comprender el funcionamiento de la mente, también es necesario entender el significado de la droga en el inconsciente, para dar respuestas más acertadas a esas preguntas.

Antes de comenzar a responderlas, me gustaría hacer una crítica a la ciencia. Dije que el gobierno sólo presta una atención superficial al campo de la prevención y del tratamiento de la dependencia a las drogas, pero la ciencia también es omisa en relación con esa dependencia.

Existen científicos, financiados por las industrias farmacéuticas, que gastan el mejor tiempo de sus vidas en elegantes institutos de investigación para descubrir las causas, fisiología y tratamiento de determinadas enfermedades. Dado que esas investigaciones darán como resultado medicamentos que reportarán un enorme retorno financiero, a esas industrias no les importa gastar miles de millones de dólares en ellas. Sin embargo, como la dependencia a las drogas no genera un retorno financiero, es un área abandonada, los poderosos laboratorios no financian investigaciones en ese campo. Nuestros jóvenes se están destruyendo, y a pocos les importa.

Hay millones de personas que viven en la cárcel de las drogas, incluyendo el alcohol y los medicamentos psicotrópicos sin orientación médica, entre los cuales destacan los tranquilizantes y los supresores del apetito, pero rara vez encontramos investigadores, incluso en las universidades, preocupados por ese grave problema social.

La falta de investigación ha dado origen a una serie de dudas importantes. Espero que algunas de ellas queden disipadas en este libro. Por ejemplo, retomemos el famoso y polémico caso del uso de la marihuana.

Hay muchas dudas sobre la intensidad del daño que causa esa droga. Se sabe que puede alterar la formación de los espermatozoides, disminuir la inmunidad e impregnar el cerebro con su sustancia psicoactiva, el tetrahidrocannabinol, por varios días. Como dije, es común escuchar que el cigarro causa más daños al organismo que la marihuana. Ante eso, algunos se preguntan:

¿entonces, por qué no está legalizada? Rara vez alguien logra dar una respuesta convincente a ese asunto.

Yo no soy miembro de un parlamento, por lo tanto no me compete legislar sobre la legalización o no de la marihuana. Tampoco soy un investigador bioquímico, capaz de dar respuestas precisas sobre los efectos físicos de la marihuana. Pero como investigador del funcionamiento de la mente, quiero dar algunas respuestas importantes respecto a los efectos de las drogas en la construcción de la inteligencia.

Voy a relacionar los principios universales que ocurren con el uso de cualquier sustancia psicotrópica, incluso las medicamentosas. Dado que mencioné la cuestión de la marihuana, voy a hacer una pausa en mi discusión y exponer brevemente sus efectos en los engranajes de la mente.

La clasificación de las drogas, según su efecto psíquico, sufre variaciones de acuerdo con la óptica del investigador. La marihuana puede causar alucinaciones, pero su principal efecto es tranquilizante. Y como tal, impacta poderosamente en el cerebro, generando una desaceleración de los fenómenos que hacen la lectura de la memoria; retrae, así, el proceso de construcción de pensamientos e induce la producción de fantasías, esto es, de experiencias imaginarias que no tienen una relación lógica con los parámetros de la realidad.

Cada vez que una persona hace uso de la marihuana, el fenómeno RAM registra sus efectos psicotrópicos automáticamente en la memoria. De ese modo, el poderoso tranquilizante emocional, las fantasías y la desaceleración de la construcción de pensamientos se registran continuamente en el inconsciente. Ese registro conduce a la reducción de algunas de las funciones cognitivas más importantes de la inteligencia, como la capacidad de emprender, de crear, de superar nuevos desafíos, establecer metas y prioridades, perseverar, motivarse, administrar los pensamientos. Así, el uso continuo y crónico de la marihuana disminuye las funciones intelectuales, da rigidez a la motivación y a la capacidad de liderazgo.

Lo que está en juego aquí no es si la droga debe o no ser prohibida, pues los binomios "correcto y equivocado", "prohibido y permitido" son muy pobres. Lo que está en juego es si la droga compromete o no el pleno funcionamiento de la mente y el pleno desarrollo de las funciones intelectuales. Lo que está en juego es si la droga apoya la libertad o encarcela la inteligencia. Aunque algunos tipos de drogas no afecten tanto al organismo, sí comprometen la capacidad intelectual y el derecho de ser libre, y no deberían consumirse.

Ese principio debe aplicarse no sólo a las drogas químicas, sino también a las drogas "no químicas", tales como la dependencia a la estética del cuerpo, en la que cada gramo de peso destruye el placer por la vida; la dependencia al internet y tantas otras disponibles en el mundo moderno.

1. Tres fenómenos

Ahora vamos a adentrarnos en algunas áreas importantes del engranaje de la mente humana, para entender un poco más la cárcel de la emoción producida por las drogas y otras enfermedades mentales.

En primer lugar, quiero decir que la inteligencia es más que emocional, como explica la creativa teoría de Daniel Goleman, y es más que múltiple, como también esclarece la inteligente teoría de Howard Gardner. La inteligencia es multifocal. Engloba la actuación de la emoción y las múltiples áreas de desarrollo de la inteligencia, como el área musical y el área lógico-matemática. Como dije, a lo largo de muchos años desarrollé una teoría original sobre el funcionamiento de la mente, llamada teoría de la inteligencia multifocal. Dado que alude a los fenómenos universales que están en la base de la construcción de los pensamientos, no es una teoría que anule a otras, pero contribuí a todas ellas, incluso a las teorías aparentemente opuestas, tales como el psicoanálisis y la teoría conductual.

Si comprendemos los asuntos que expondré aquí, tendremos una nueva luz para entender la génesis de las enfermedades mentales. Hay una serie de fenómenos que participan en la construcción de cada pensamiento, de cada reacción emocional y de cada momento en que estamos conscientes. Ya hablé sobre dos de ellos, el fenómeno de la psicoadaptación y el fenómeno RAM. Recordemos que el fenómeno de la psicoadaptación conduce a una disminución de la experiencia emocional de cara a la exposición del mismo estímulo, y el fenómeno RAM es el fenómeno que registra automáticamente todos los pensamientos y emociones en la memoria. A continuación, describiré otros fenómenos importantes.

Del conjunto de esos fenómenos, tres de ellos participan directamente en la dependencia a las drogas y en la producción de enfermedades. El primero es el fenómeno RAM (registro automático de la memoria), el segundo es el fenómeno de autocomprobación de la memoria (fenómeno del gatillo), y el tercero es el fenómeno del ancla de la memoria.

Si entendemos, incluso con limitaciones, la actuación de esos fenómenos, veremos el horizonte. El mecanismo de la producción de la farmacodependencia y de otros trastornos mentales, tales como la depresión, el trastorno de pánico y las fobias, dejarán de ser un tabú incomprensible.

Los fenómenos del "gatillo de la memoria" y del "ancla de la memoria" se analizarán nuevamente cuando hablemos sobre la terapia multifocal. Aquí sólo haré una síntesis de ellos.

2. El fenómeno de la autocomprobación de la memoria: el gatillo del alma

El fenómeno de la autocomprobación de la memoria, como el propio nombre sugiere, comprueba en la memoria los estímulos psíquicos (por ejemplo, las fantasías), visuales y sonoros, generando un gatillo que desencadena las primeras reacciones, pensamientos y emociones en las más diversas situaciones en que nos encontramos.

Las respuestas rápidas e irreflexivas, las reacciones instantáneas de ansiedad, irritación e impulsividad, las reacciones instintivas, los movimientos musculares producidos sin una decisión consciente y el asentir con la cabeza de acuerdo con nuestro interlocutor o en desacuerdo con él, son ejemplos de reacciones producidas por el fenómeno del gatillo de la memoria. Esas reacciones no fueron programadas o elaboradas por el yo, sino producidas automática y espontáneamente.

El fenómeno de la autocomprobación detona el gatillo. Cada vez que vemos un objeto o escuchamos una palabra los identificamos automáticamente gracias al gatillo mental, que conduce el estímulo visual hasta la corteza cerebral y lo comprueba en los archivos de la memoria. La angustia y la indignación iniciales cuando alguien nos ofende o nos rechaza no fueron programadas por el yo, sino que fueron generadas por el gatillo de la memoria. Nótese que no tendríamos determinadas reacciones instantáneas de agresividad e impulsividad si pudiéramos controlarlas. El fenómeno del gatillo de la memoria desencadena las primeras reacciones en las relaciones sociales.

¿Qué tiene que ver ese fenómeno con la dependencia química? Es el gran responsable por detonar el deseo compulsivo de consumir una nueva dosis de droga, es decir, por desencadenar la cárcel de la emoción.

"¿Un adicto tiene el deseo compulsivo de consumir la droga todo el día, aunque no sea un dependiente grave? ¡Sí!". Ese concepto es erróneo. El adicto sólo va a detonar inconscientemente ese deseo en determinados momentos de su día, como cuando está con su grupo de amigos o viviendo una experiencia de soledad, angustia o ansiedad.

Una persona portadora del trastorno de pánico también es víctima del gatillo de la memoria. Puede estar tranquila gran parte de su tiempo, pero, de repente, por diversos mecanismos sobre los cuales no cabe reflexionar aquí, el gatillo se detona, generando una reacción fóbica intensa, un miedo súbito de que va a morir o se va a desmayar. El trastorno de pánico es el teatro de la muerte. Es posible resolverlo, pero las reacciones que genera son muy angustiantes.

Aprender a reescribir la historia y a gestionar la tensión producida por el gatillo de la memoria es el gran desafío terapéutico en la resolución de la cárcel de la dependencia y del resto de los trastornos ansiosos, como el trastorno de pánico y las obsesiones. Trataremos esos asuntos en el penúltimo capítulo.

3. El fenómeno del ancla de la memoria

La memoria está formada por miles de archivos que se interconectan, conteniendo miles de millones de datos y experiencias acumuladas a lo largo de la vida. No está disponible para su lectura. Es accesible por territorio, por grupo de archivos. Por lo tanto, el ancla de la memoria es el territorio de lectura disponible de la memoria en un determinado momento de la vida de un individuo.

Dependiendo de si el ancla se iza, una persona tendrá mejor o peor desempeño intelectual, mejor o peor seguridad, mejor o peor condición para reaccionar, pensar, sentir.

¿Por qué una persona, cuyos pensamientos fluyen libremente cuando está sola o con sus seres queridos, tiene una gran dificultad de liberar sus ideas cuando está en público? ¿Por qué un deportista puede tener un óptimo desempeño en los entrenamientos, pero un pésimo desempeño en el momento exacto de la competencia? Todo dependerá de la disponibilidad del territorio de lectura de la memoria.

Si una persona está tensa, estresada, ansiosa, en determinada situación, podrá lanzar el ancla de la memoria, restringir su territorio de lectura y, en consecuencia, comprometer la eficiencia de su inteligencia. Si lanzamos el ancla, contraemos el raciocinio; si la izamos, expandimos la producción de las ideas. Las personas tímidas, al sentirse amenazadas y excesivamente vigiladas en el ambiente social, están bloqueando continuamente el territorio de lectura de la memoria y perjudicando su libertad de pensar y sentir.

El ancla de la memoria es muy sensible a la intensidad de las emociones; por eso los trastornos mentales y los estímulos estresantes, si no son bien gestionados, podrán conspirar contra ella. Personas inteligentes y lúcidas podrán tener un pésimo desempeño en determinados focos de tensión.

¿Qué tiene que ver el ancla con la dependencia a las drogas? ¡Todo! Cuando una persona detona el gatillo de la memoria, generando un deseo compulsivo de consumir drogas, ese gatillo dirige el ancla a determinados archivos ligados a experiencias con drogas. Así, el usuario no piensa en otra cosa que en consumir drogas. He ahí la cárcel generada por las drogas. La más completa definición de la dependencia psicológica pasa por la explicación de esos fenómenos.

A veces, el gatillo se detona horas antes del consumo, ubicando el territorio de la memoria en las zonas de dependencia. La consecuencia de esto es que los usuarios comienzan a sentir un deseo casi incontrolable de consumir las drogas y, por eso, trabajan ingeniosamente para conseguir una nueva dosis, como un intento por aliviar la tensión originada por esa compulsión. Incluso les cambia el semblante. Se destruye la serenidad. Están tan controlados por el ancla de la memoria que se mienten a sí mismos y al mundo diciendo que no van a consumir drogas, pero en el fondo saben que lo harán.

La mentira y el uso de drogas son dos amantes que viven en la misma casa, en el núcleo del alma de los adictos. No es posible vencer las drogas sin aprender a ser auténticos, sin aprender a ser honestos hasta las últimas consecuencias. El primer golpe a la farmacodependencia es aprender a prohibir la mentira y vivir el arte de la autenticidad.

El ancla de la memoria tiene otras funciones importantes en la inteligencia, que no detallaré aquí. A través de ella producimos un universo de pensamientos sobre un determinado asunto o situación. Sin embargo, como ya dije, si ella se fija rígidamente en un territorio específico de la memoria es capaz de ejercer una verdadera dictadura de la inteligencia, que dificulta la capacidad de pensar. Por eso, cuando afirmo que las drogas crean la peor prisión del mundo, me refiero al hecho de que los usuarios, sometidos al yugo del deseo compulsivo de consumir drogas, pierden por completo la libertad de pensar y decidir.

A menos que el "yo", representado por la voluntad consciente, actúe con coraje para abrir el ancla, para expandir el territorio de lectura de los archivos de la memoria, el usuario será un esclavo de su propia dependencia en los momentos de compulsión.

Lo mismo ocurre cuando obstruimos nuestra capacidad de pensar en situaciones tensas. A menos que nos adentremos en esas situaciones y analicemos en silencio los focos de tensión, así como los pensamientos negativos que estamos teniendo, no podremos rescatar la libertad de pensar.

La próxima vez que obstruyamos nuestra inteligencia, dejaremos de ser pasivos y emprenderemos un ataque íntimo y silencioso en los territorios de la memoria. ¿Cómo hacerlo? Es necesario tener creatividad, producir pensamientos contra todo lo que nos está encadenando. Nadie necesita oírlo, pero debemos hacer una verdadera revolución clandestina, no importa dónde estemos.

Volviendo a la dependencia a las drogas, en vez de criticar y marginar a los usuarios, deberíamos comprenderlos y acogerlos con el mayor respeto y consideración. Estudiaremos cómo hacerlo. Es fácil juzgarlos y condenarlos, pero es difícil ponerse en su lugar y percibir las amarras construidas en los bastidores de sus mentes.

4. *La cucaracha que se transforma en dinosaurio: el fenómeno* RAM

Como vimos, el fenómeno RAM es el registro automático en la memoria de todas las experiencias. Ahí se registran de manera privilegiada las experiencias que más emoción tienen, sean placenteras o angustiantes.

Si analizamos nuestro pasado, verificaríamos que tenemos más facilidad para recordar las experiencias más frustrantes o las más alegres. Ellas fueron registradas en áreas importantes de la memoria, lo que las hace disponibles para ser leídas y utilizadas en la construcción de nuevas cadenas de pensamientos y de nuevas emociones.

Como las drogas producen efectos intensos en la psique, ésos ocupan espacios importantes en los archivos inconscientes de la memoria. Hay que sumar a eso las experiencias emocionales de un usuario, las cuales no son nada serenas ni tranquilas. Por ser efervescentes, tales experiencias también se registran privilegiadamente y contribuyen a crear la cárcel de la inteligencia.

Cada vez que el usuario va a consumir una nueva dosis de droga, su emoción está bajo un foco de tensión, caracterizado por euforia, angustia, miedo, ansiedad, aprensión. Imagina el impacto que una droga estimulante o alucinógena causa en una emoción que de por sí está previamente tensa. Las experiencias psíquicas resultantes son intensas, más intensas que los elogios en una fiesta de cumpleaños, el recibir un diploma o la emoción de un partido final de campeonato deportivo. Tales experiencias se registran en la memoria usurpando áreas nobles que deberían estar ocupadas por sueños, proyectos, metas, relaciones sociales. Por eso, como ya relaté, los adictos se vuelven viejos en cuerpos jóvenes. Su inconsciente queda saturado de experiencias angustiantes y turbulentas.

Ese mecanismo sirve para entender por qué los dependientes químicos, con el paso del tiempo, pierden el encanto y el interés en los pequeños detalles de la vida y no pueden extraer el placer de las cosas sencillas y normales. Sólo buscan placer en aquello que se sale del patrón de la normalidad. Viven errantes, buscando grandes estímulos para sentir un poco de placer. Incluso odiando esa mazmorra, gravitan en torno al efecto psicotrópico de esas sustancias miserables.

Un usuario de cocaína experimenta sensaciones paranoicas durante el efecto de la droga. Siente una mezcla de excitación y miedo, y tiene ideas de persecución. La reproducción continua de esas experiencias sobredimensionan la expectativa de los efectos de las drogas, retroalimentando su imagen en el inconsciente.

Explicándolo más claramente, cada vez que consumen la droga y registran sus efectos intensos y complejos, cavan su propia sepultura, construyen su propia cárcel. Así, la droga registrada en el inconsciente poco a poco se va haciendo mayor que la droga química. Ésta, que al inicio era como una pequeña cucaracha, fácil de eliminar, se transforma paulatinamente en un enorme dinosaurio, elaborado en el inconsciente. La imagen ampliada en el territorio de la memoria aprisiona al gran líder de la inteligencia, el yo.

Cuanto más hace crecer la droga el monstruo en el inconsciente, más difícil es eliminarla; por eso, aunque sea posible destruirla en cualquier época de la vida, es más fácil en los estadios iniciales.

Ahora es fácil entender por qué la dependencia es una atracción irracional, mientras que la fobia es una aversión irracional. La dependencia se produce cuando el objeto de la atracción se sobredimensiona en el inconsciente, en este caso las drogas, mientras que toda y cualquier fobia se produce cuando se sobredimensiona el objeto de la aversión, que en este caso puede ser un animal e incluso un ascensor.

En el momento en que una persona está teniendo una reacción compulsiva por las drogas, su inteligencia se bloquea, impidiéndole pensar con libertad hasta que consiga una nueva dosis. Del mismo modo, en el momento en que una persona está teniendo una reacción fóbica, su inteligencia se paraliza y no logra pensar en nada más que en huir del ambiente estresante.

Con el paso del tiempo, la droga, como sustancia química, ya no es el gran problema. El gran problema se convierte en la imagen de la droga tejida en los bastidores de la mente. Esa imagen es la que sustenta la dependencia psicológica.

¿Cómo borrar la imagen o estructura inconsciente de la droga, que da sustento a la dependencia psicológica? Es imposible. La memoria no se apaga ni se borra, sólo se puede reescribir. Filosóficamente hablando, no es posible destruir el pasado para reconstruir el presente, pero sí es posible reconstruir el presente para reescribir el pasado. De nada sirve apagar lo que registramos, pero podemos reorganizar, sustituir y volver a filmar, por medio de nuevas actitudes, experiencias, sueños, proyectos, relaciones sociales y nuevas maneras de ver la vida y de reaccionar ante los eventos del mundo.

Freud discurrió sobre el inconsciente, pero no investigó los fenómenos que leen la memoria y construyen los pensamientos.

Por eso no comprendió que para resolver los traumas del pasado es insuficiente traerlos a la consciencia y trabajarlos; es tanto o más necesario reconstruir, a cada momento de nuestras existencias, un universo de ideas y pensamientos enriquecedores y sabios, que van abriendo nuevas avenidas en la memoria y en los entresijos inconscientes.

¿Por qué no podemos borrar la memoria? Porque no poseemos la capacidad de hacerlo ni el acceso a los datos registrados; ni siquiera tenemos conocimiento de dónde están los *locus* (lugares) de las experiencias enfermizas, es decir, no sabemos dónde quedaron registradas. ¿En qué áreas de nuestro cerebro se registraron nuestras experiencias más angustiantes? No lo sabemos.

Para darnos una idea de la complejidad de la memoria, apenas un área del tamaño de la punta de un bolígrafo en ciertas regiones de la corteza cerebral contiene millones de experiencias e informaciones. ¿Cómo localizarlas y borrarlas? ¿Cómo separar las experiencias enfermizas de las saludables? Imposible. Por lo tanto, como estudiaremos, la única posibilidad que le queda al ser humano es reconstruir una nueva vida, es reescribir los capítulos principales de su nueva historia.

Es una carrera contra el tiempo. Cuanto más tiempo pasa un usuario sin las drogas, más irá archivando nuevas experiencias. En un día saludable, puede archivar cientos o miles de nuevas experiencias, reeditando así su historia. Y si su "yo" actúa en ese proceso de reconstrucción, si decide ya no estar enfermo, sino ser un agente modificador de su historia, él impulsa ese proceso.

Repito: después de instalada la dependencia, el problema ya no es la droga, sino el archivo registrado de ella. Desmaquillar al monstruo virtual, desorganizar esta representación clandestina, hace del tratamiento de la farmacodependencia una de las ingenierías más complicadas de la psicología y de la psiquiatría.

Si hay una colaboración valiente, lúcida y completa del paciente, el tratamiento podrá ser coronado por el éxito, aunque haya algunas batallas perdidas en el camino; pero si la colaboración es frágil, inestable y parcial, el tratamiento estará condenado al fracaso.

Capítulo 5

Conceptos y definiciones

¿Qué son las drogas, científica y psicológicamente?

*E*s esencial conocer algunos conceptos y definiciones científicas sobre el tema para tener una adecuada fundamentación y una mejor comprensión del problema. Veremos a continuación cómo están definidas las drogas que causan dependencia (los llamados psicotrópicos), en qué consiste la dependencia psicológica y la física, y cuál es el significado del concepto de tolerancia, fenómeno que lleva a los usuarios de drogas a necesitar dosis cada vez mayores.

1. Psicotrópico (tóxico)

Psicotrópico es el nombre científico dado a las drogas que causan dependencia psicológica, y a veces física. Esas sustancias entran en la corriente sanguínea por vía oral, endovenosa (inyección en la vena) o por inhalación y vapor hasta el sistema nervioso central (el cerebro), donde actúan interfiriendo de forma todavía no totalmente esclarecida en el campo de la energía emocional e intelectual de un individuo.

2. Farmacodependencia (toxicomanía)

La farmacodependencia es "el estado mental, y a veces físico, causado por la acción de un fármaco (droga) en un organismo vivo, lo cual modifica el comportamiento y genera un deseo irreprimible de consumir la droga de manera continua o periódica, con el objetivo de experimentar sus efectos psicológicos, o para evitar el malestar que la ausencia de la droga produce en el organismo".

Si la palabra *tóxico* no debe emplearse para designar las drogas que causan dependencia, tampoco la palabra *toxicomanía* (manía de consumir tóxicos) debe relacionarse con sus usuarios. De hecho, es un error grave etiquetar a las personas dependientes de las drogas como toxicómanos, enviciados o incluso farmacodependientes, pues al etiquetarlas así desestimamos las "partes" saludables de sus personalidades y sobrevaloramos las "partes" negativas. Valorar aspectos positivos de la personalidad de una persona adicta a las drogas es el primer paso para ayudarla.

3. Dependencia psíquica

Como vimos, la dependencia psíquica es la relación estrecha y dependiente que un usuario establece con una droga psicotrópica a causa de la representación inconsciente y sobredimensionada que ésta tiene en su memoria.

No todas las drogas causan dependencia física, pero todas son capaces de provocar, en diversos grados, dependencia psíquica.

Las personas se rinden a las drogas debido a por lo menos tres tipos de motivación, o de refuerzos psicológicos. Son de extrema complejidad, pero procuraremos sintetizarlos. La dependencia se caracteriza por una representación psicológica inconsciente de la droga, que canaliza las energías mentales hacia un deseo fuerte, y a veces incontrolable, de consumirla. Intentaré explicar simplificadamente los mecanismos que producen la dependencia psicológica.

a) *Refuerzo psicológico positivo*: se busca experimentar con las drogas con el objeto de obtener placer. Esa motivación suele estar apoyada por la curiosidad personal de los jóvenes, por la influencia de los amigos o incluso de algún traficante, por la presión del grupo, etcétera. El refuerzo psicológico positivo es la colorida puerta de entrada a la dependencia psicológica.

b) *Refuerzo psicosocial*: se trata del apego a los efectos psicológicos de la droga con el fin de soportar problemas, tensiones y dificultades sociales y personales, o como forma de huir de ellos. Muchos consumen alcohol etílico como facilitador de las relaciones

sociales. Ese tipo de motivación está sustentado por los conflictos en las relaciones familiares, por los trastornos psíquicos, por
el rechazo social, por las dificultades financieras, etcétera. Todos
pasamos por problemas y dificultades en la vida, que muchas veces son difíciles de resistir, pero nada justifica la utilización de
drogas como intento de mitigar esas tensiones. En esos casos, el
uso de drogas se convierte en una "muleta química", incompati-
ble con el equilibrio y la madurez de la vida.

c) *Refuerzo psicológico negativo*: en ese estadio, llegamos a la dependencia psicológica propiamente dicha. Aquí, la persona que
busca las drogas no lo hace sólo para procurar algún tipo de placer o para sobrellevar sus problemas, sino para aliviar los efectos
psicológicos indeseables derivados de la abstención. El individuo
que durante semanas o meses se habituó a drogas estimulantes
como la cocaína, el crack, el PBC o pasta de cocaína (subproducto
de la misma); a los supresores del apetito: Hipofagin, Inibex; a
fórmulas de supresores del apetito que contienen sustancias
como fenproporex, anfrepramona, etcétera; a calmantes como
Lorax, Tensil y otros; o incluso a la nicotina de los cigarros; a la
marihuana y otras más, al dejar de consumirlas, padecerá insomnio, angustia, depresión, ansiedad e irritabilidad. El grado
de los síntomas variará de acuerdo con la intensidad de la dependencia, el tipo de droga empleada, la frecuencia de uso y también
el tipo de personalidad del adicto. De cualquier manera, ésos son
efectos psicológicos indeseables, detonados a partir del fenómeno del gatillo de la memoria, que caracterizan a la dependencia
psicológica y que llevan al individuo a buscar, a veces con gran
desesperación, nuevas dosis para aliviar tales sufrimientos.

La cocaína no provoca dependencia física, como muchos piensan, pero causa una dependencia psíquica, lo cual la convierte en una droga más sutil, pues sus usuarios difícilmente reconocen que son dependientes, a no ser en una fase tardía. Cuando el gatillo del deseo compulsivo se dispara, surge un estado de ansiedad, angustia e inquietud que los conduce a buscar una nueva dosis de la droga para intentar aliviarse.

Si comprendemos qué es esa dependencia también entenderemos por qué tantos jóvenes se aplican las drogas en las venas con jeringas contaminadas, indiferentes al peligro de contraer una infección fatal, y por qué muchos de ellos son capaces de llegar a acciones extremas para obtener una nueva dosis de la droga.

El crack (cocaína mezclada con bicarbonato de sodio) y la pasta base de la cocaína se fuman. De esa forma, la cocaína llega al cerebro más rápidamente, generando una grave dependencia psíquica, así como serios riesgos de producir un paro respiratorio por sobredosis.

4. Dependencia física

La dependencia física es la capacidad de una droga de pasar a formar parte del metabolismo, de la "vida" de otro organismo, al punto que, cuando falta, el organismo produce reacciones intensas, de sufrimiento; es el llamado síndrome de abstinencia. Ese síndrome puede producir desde signos y síntomas leves hasta la muerte.

La mayoría de las drogas causa poca dependencia física, pero el alcohol etílico, los barbitúricos (como Gardenal y Nembutal) y los derivados del opio (heroína, morfina, codeína, entre otros) producen una alta dependencia. En alcohólicos crónicos, por ejemplo, la falta de alcohol provoca temblores en las manos, ansiedad, alteraciones cardiovasculares; en los estadios más avanzados, alucinaciones, ilusiones auditivas, visuales o táctiles, fiebre y colapso cardiovascular, a veces irreversible.

Los síntomas de la abstinencia de barbitúricos son semejantes a los del alcohol, con el agravante de que ocasionan sucesivas crisis convulsivas, llevando al individuo a un grave agotamiento físico que puede ser incluso fatal. Y sin morfina, heroína y otros derivados del opio, sus cautivos son atormentados por exceso de sudoración, insomnio, ansiedad, vómitos, diarrea, dolores generalizados, fiebre y alteraciones cardiovasculares.

Recuerdo a una joven llamada N. J. que estuvo bajo mi cuidado en un hospital en París. Era dependiente de la heroína. En algunos periodos del día, solía darme algunas clases de francés; en otros, yo intentaba ayudarla a comprender los bastidores de su mente.

N. J. era una joven inteligente, bonita y dulce, pero sufría intensamente por su dependencia física y psíquica. Lo que más me llamaba la atención eran los síntomas de la dependencia de esa droga, los dolores generalizados que ella y otros sentían después del primer día de interrupción del uso. Lloraban, se angustiaban, vomitaban y tenían crisis de dolor intenso. Esos dolores funcionaban como un estímulo desesperante para consumir una nueva dosis a fin de sentir alivio.

N. J. me decía, angustiada, que si dejaba de consumir la droga podría ponerle fin a su vida, tal era su angustia por conseguir todos los días una nueva dosis para no reproducir los síntomas de la abstinencia. Yo procuraba abrir las ventanas de su mente y mostrarle que realmente podía liberarse de la cárcel de la dependencia.

A causa del síndrome de abstinencia, muchos usuarios roban o venden su cuerpo en la capital francesa para conseguir cerca de cien euros por día para comprar heroína. Son seres humanos como cualquiera de nosotros, pero libran diariamente una lucha infernal, inhumana, para sobrevivir, una lucha que jamás soñaron con librar.

Si quienes se inician en la droga pudieran ver el futuro, no habría necesidad de vigilancia o de prohibir el tráfico de drogas.

El usuario de cocaína tiene la tendencia a ser más autosuficiente, y es más difícil ayudarle que al usuario de heroína, aunque esta última genere una dependencia más grave, tanto física como psíquica. El gran problema, como señalé, es que el usuario de cocaína difícilmente reconoce su dependencia en los primeros meses y años de uso, pues siempre tiene la falsa impresión de que puede dejar de consumirla cuando quiera. No sabe que posee un "monstruo virtual" en las entrañas de su inconsciente, que suele despertar los fines de semana o después de uno o más días de uso.

Quien consume heroína, al tener que lidiar con graves síntomas físicos por la abstención de la droga, reconoce con humildad que está enfermo después de los primeros meses y, por eso, busca ayuda con más facilidad, muchas veces sin tener presión social o familiar.

5. Tolerancia a la droga

Es la necesidad de un individuo de consumir dosis cada vez mayores de la droga para obtener los mismos efectos que sentía al principio. Existen tres tipos de tolerancia: la conductual, la farmacodinámica y la farmacocinética.

La tolerancia conductual es una adaptación a los efectos psicológicos de la droga; la farmacodinámica es una adaptación al área específica del cerebro donde actúan las drogas, de manera que la respuesta se reduce; y la farmacocinética consiste en la eliminación más rápida de la droga en la sangre, principalmente a causa de la activación de enzimas en el hígado.

Los tres tipos de tolerancia cooperan juntos para disminuir el efecto de las drogas, y por eso mismo los usuarios recurren a dosis cada vez más elevadas, a veces incluso letales, como es el caso de la cocaína, que en dosis altas causa la muerte por paro respiratorio. En mayor o menor grado, todas las drogas causan cierta tolerancia en el organismo humano.

Capítulo 6

Causas psíquicas, sociales y genéticas

¿Cómo se vuelve alguien dependiente de las drogas?

1. Causas psíquicas y sociales del consumo de drogas

En este capítulo estudiaremos las principales causas psíquicas y sociales del uso de las drogas. También haré un comentario sobre la influencia genética.

Describiré las causas en forma didáctica, usando los datos de una investigación que realicé con cerca de 510 universitarios, de los cuales 244 respondieron que consumieron o siguen consumiendo algún tipo de droga psicotrópica, aun cuando sea medicamentosa o prescrita por un médico.

Pedimos a los entrevistados que no se identificaran para que se sintieran en libertad de dar sus respuestas.

El resultado de la investigación se muestra en la siguiente gráfica, y será analizado en este capítulo.

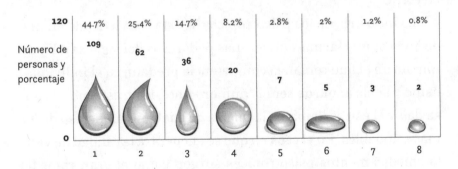

Causas

1. Prescripción médica (44.7%)
2. Deseo de tener una nueva experiencia (25.4%)
3. Influencia de los amigos (14.7%)
4. Conflictos internos (8.2%)

5. Se siente rechazado por las personas (2.8%)
6. Los padres no dialogan (2%)
7. Influencia de traficantes (1.2%)
8. Dificultades (0.8%)

Observación: algunos entrevistados señalaron más de una respuesta.

Ante estos datos, hicimos la siguiente pregunta, individualmente, al grupo de usuarios:

¿Cuál es la causa o causas que te llevaron a consumir drogas? Las recetas médicas y las farmacias (sin receta médica).

De acuerdo con los datos, la causa más frecuente que llevó a los universitarios a consumir alguna droga psicotrópica fue la prescripción médica, o recetas médicas. Es claro que muchas de esas drogas formaron parte de un tratamiento médico al que estaba siendo sometido el entrevistado, a pesar de que es conocido que algunos médicos venden recetas psicotrópicas a personas adictas, lo cual es un delito. La mayoría de las drogas psicotrópicas recetadas por los médicos son supresores del apetito, inhibidores del sueño, inductores del sueño, ansiolíticos o tranquilizantes, jarabes para la tos, relajantes musculares de acción central, etcétera.

La industria de los psicotrópicos se está convirtiendo en uno de los sectores farmacéuticos más poderosos del siglo XXI. En un mundo en el que reinan la competencia predatoria, el individualismo y la paranoia de ser el "número uno", los trastornos de ansiedad y el estrés llaman a la puerta de cualquiera, incluso de los más saludables. En el caos en que se encuentra la calidad de vida, los medicamentos psicotrópicos surgen como el gran remedio para las miserias mentales, aunque no actúen en las causas ni conduzcan al ser humano a administrar sus pensamientos y a gestionar sus emociones.

Los medicamentos psicotrópicos tendrían que ser actores coadyuvantes del proceso terapéutico. El actor principal es la propia persona, que debería aprender a proteger su emoción, lidiar con sus tribulaciones y repensar sus actitudes ante la vida.

Nunca los médicos habían recetado tantos psicotrópicos como en la actualidad. Lamentablemente, muchos no orientan a sus pacientes sobre el riesgo de la dependencia ni sobre la necesidad de suspender la medicación después de un determinado tiempo, y la mejor forma de hacerlo. Esa actitud causa dependencia, constituye una iatrogenia médica, un error médico.

La dependencia a ciertos medicamentos, como los tranquilizantes, rara vez causa trastornos importantes como las drogas ilícitas, siempre que sean tomados en las dosis prescritas por los médicos. Los antidepresivos difícilmente ocasionan una dependencia importante, por lo que su retiro es fácil, siempre y cuando se realice paulatinamente.

La dependencia a los supresores del apetito es bastante más grave. A causa de la paranoia de la estética divulgada en los medios de comunicación, las mujeres son masificadas con el patrón de lo bello, del cuerpo atractivo. Las jóvenes ultradelgadas de las pasarelas, que muchas veces son infelices, están deprimidas y son esclavas de la propia estética, se convierten en modelo para millones de mujeres que, en teoría, podrían ser más felices y más libres que ellas. La belleza debería estar en los ojos de quien las mira, y no en las curvas del cuerpo.

Como no logran tener el patrón estético deseado, ellas se deprimen y se angustian mucho. No pocas jóvenes desarrollan graves trastornos mentales, como la bulimia, entre cuyos síntomas está el comer compulsivamente asociado con vómitos, o la anorexia nervosa, que genera una ruptura drástica del instinto del hambre y conduce a algunas a morir de inanición.

Muchas mujeres tienen una necesidad enfermiza y compulsiva de adelgazar. Se preocupan más por el empaque del cuerpo que por el territorio de la emoción, por ser felices, libres, dinámicas, realizadas. Su mundo es del tamaño de su cuerpo. Por eso toman todo y hacen todo para alcanzar el patrón estético masificado, impuesto por la sociedad. Muchas toman supresores del apetito en forma indiscriminada, ignorando que sus fórmulas contienen potentes estimulantes, como fenproporex y anfepramona. Si no se consumen bajo un riguroso control médico, esas drogas causan una dependencia parecida a la provocada por la cocaína y, en algunos casos, trastornos cardiovasculares. He conocido a muchas personas que murieron por el abuso de esos medicamentos.

Debemos considerar la dependencia a los medicamentos como un problema serio. Una vez dependiente, la persona comienza a presionar al médico para que se los recete, describiendo síntomas que corresponden al síndrome de abstinencia y no a su propia enfermedad. Otros buscan tales medicamentos en las

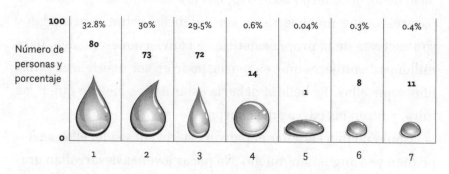

Fuentes

1. Amigos (32.8%)
2. Prescripción médica (30%)
3. Farmacia, sin receta médica (29.5%)
4. Traficantes (0.6%)

5. Hospitales (0.04%)
6. Otras fuentes (0.3%)
7. No respondieron (0.4%)

Observación: Algunos entrevistados señalaron más de una respuesta.

farmacias, sin receta médica. Aunque haya muchas farmacias responsables, siempre existen las que burlan la ley.

Otra pregunta planteada a los universitario:

En tu experiencia, ¿cuál es la fuente más fácil para adquirir una droga psicotrópica?

Si comparamos este último cuadro con el anterior, podemos observar que, de los 109 universitarios que señalaron las recetas médicas como causa del uso de drogas, sólo 73 las mencionó como fuente para obtener la droga. Eso indica que el resto consigue la droga sin intermediación del médico, lo que justificaría el significativo número de entrevistados que consiguen la droga en las farmacias, sin receta médica. Ése es un fuerte indicio de que muchos comenzaron a consumir drogas psicotrópicas para tratamiento médico y después, como adictos, continuaron usándolas fuera del control y supervisión médica, y las adquieren en las farmacias, incluso sin una prescripción.

Un paciente de cincuenta años, abogado, dependiente de los tranquilizantes (Psicopax, Lorax), me buscó hace más de seis años para liberarse de esos medicamentos. Según él, el médico que le recetó tales tranquilizantes por primera vez no le advirtió de los peligros de la dependencia. Por eso los tomaba de manera indiscriminada. Cuando intentó dejar de consumirlos, no lo consiguió, pues sentía malestar, temblores, ansiedad, etcétera. Ese caso demuestra el peligro que existe en la falta de orientación y la responsabilidad que nosotros, los médicos, tenemos cuando recetamos un psicotrópico a un paciente.

2. Influencia de los amigos

Un árbol, cuando genera sus pequeños frutos, sabe cómo protegerlos, envolviéndolos en una flor o cubierta; a medida que crece, el fruto va quedando más expuesto al ambiente externo y, por lo tanto, sujeto a sufrir las alteraciones de ese medio. Del mismo modo, cuando los padres engendran a sus hijos, de pequeños los protegen y viven a su alrededor; pero a medida que éstos crecen, comienzan a quedar más expuestos a la sociedad, a las alteraciones e influencias. Con frecuencia, los adolescentes y los adultos jóvenes son los más susceptibles a esas influencias.

El ser humano es un ser social. Nadie queda plenamente aislado en su propio mundo. Los grupos sociales penetran bajo diversas formas en el escenario de nuestras vidas.

En los grupos de trabajo, lo que une a los miembros es la ejecución de las tareas. Existe entre ellos una relación más fría, distante. Fuera del ambiente de trabajo, echan pocas raíces. Cuando los miembros de un grupo de trabajo no se entienden o se agreden, en general ocurre una separación drástica, a veces definitiva. En el grupo familiar, gracias a los lazos afectivos inconscientes, las relaciones normalmente se recuperan, aunque, en algunos casos, eso tarda años en suceder.

En los grupos de ocio, lo que sustenta la relación es la búsqueda conjunta de placer y relajamiento. En los adultos, tales grupos no son estables ni consistentes, pues los lazos entre ellos no suelen ir más allá de la "sala de visitas", es decir, no llegan a áreas más íntimas de sus vidas. Tan pronto dos elementos del grupo entran en conflicto, ocurre el rompimiento de la relación.

Cuando se reúnen en un club, en una fiesta, a la orilla de una piscina o en un restaurante, rara vez comparten sus conflictos y dificultades.

En el caso de los jóvenes sucede lo contrario. Ellos son más bien fieles a las amistades, y por eso sus relaciones son más estables. Incluso cuando pelean, se vuelven a unir. En el caso de los adolescentes, sus bromas suelen ser agresivas. Invaden y tocan físicamente la vida de sus compañeros con facilidad. Son más dados a las confidencias que los adultos y, por lo general, comparten los problemas y conflictos que tienen con sus padres, las aventuras y dificultades escolares, sexuales, etcétera. Por todo eso, los jóvenes reciben una fuerte influencia unos de otros. Ser diferente del grupo significa ser rechazado, "estar fuera", no ser alguien realizado en esa fase de la vida.

No es de sorprender que esos jóvenes, al ser fieles y confidentes unos de otros, se vean influidos por los amigos que consumen drogas. Además, debido a que muchos padres no se adentran en el mundo de sus hijos y no logran ser sus amigos, los chicos fácilmente rompen los patrones de comportamiento aprendidos en casa, creyendo que pueden vivir solos, que ya se saben cuidar, que los padres son anacrónicos.

Si los jóvenes no aprenden el arte de pensar, no desarrollan una consciencia crítica, no tienen metas y sueños, podrán ser fácilmente influidos por los amigos que consumen drogas, los cuales están esparcidos en todos los rincones de la sociedad. Hay más puntos de venta de drogas en las ciudades que farmacias y boutiques. Nótese que 14.7 por ciento de los universitarios que consumían algún tipo de droga dijeron que lo hicieron por influencia de sus amigos; y ese número debe ser todavía mayor en la medida que ese porcentaje representa sólo a quienes percibieron ese influjo, mientras que muchos otros no llegaron a ser conscientes de él.

El mundo de las drogas tiene un atractivo fantástico, pero falso: el placer y la libertad. Todos buscan el placer y la libertad en todo lo que hacen; y más todavía los jóvenes. En ellos pulsa el sueño de ser libres y felices; por lo tanto, se convierten en ávidos consumidores de todo lo que sea capaz de ir al encuentro de ese sueño. El mundo de las drogas encuentra en ellos al consumidor ideal. Nunca un sueño se volvió una pesadilla tan intensa. Nunca la búsqueda de placer y de la libertad creó seres humanos tan infelices y prisioneros.

3. Curiosidad o el deseo de una nueva experiencia

Ésta es también una causa importante que lleva a los jóvenes a iniciarse en el uso de drogas, pues 25.4 por ciento de los entrevistados justificó su primera experiencia como mera curiosidad.

¿Qué es la curiosidad? Es el deseo de experimentar, conocer o descubrir algo nuevo, oculto, desconocido. Lo que se busca por medio de la curiosidad es la aventura del placer. La curiosidad surge en el centro del alma de todo ser humano. Los científicos, por ejemplo, son curiosos incurables.

Si tenemos información seria sobre el riesgo de una experiencia, deberíamos estar gobernados por la lógica y jamás llevarla a cabo. Algunos científicos pueden tener una enorme curiosidad por realizar determinadas experiencias genéticas con humanos, pero no lo hacen por el riesgo de perjudicar de alguna forma a la humanidad. Si los jóvenes tienen información segura de la cárcel a la que las drogas pueden someterlos, no deberían dar rienda suelta a su curiosidad por el riesgo que corren.

Una vez adultos, somos responsables de nuestro destino. Deberíamos aprender a pensar antes de reaccionar, aprender a pensar en las consecuencias de nuestros comportamientos.

Es preciso hablar de manera nueva y profunda sobre las drogas, para que los jóvenes tengan un concepto adecuado de sus consecuencias. El foco principal de ese discurso no debería tener la tónica de la frase: "Di no a las drogas". Eso es una falta de respeto a la inteligencia de los jóvenes. Una simple frase jamás podrá contener la burbujeante emoción de vivir nuevas experiencias.

Prohibir simplemente las drogas, sin alimentar la inteligencia con información convincente, estimula la curiosidad.

El discurso de los perjuicios físicos y morales de las drogas es insuficiente para asegurarles que tomarán decisiones acertadas contra ellas. Es preciso ir más allá, crear un discurso atractivo, inteligente, capaz de causar un impacto en el escenario de su mente. Es preciso hablar sobre la cárcel de la emoción. Es necesario hablar sobre las consecuencias filosóficas, psicológicas y sociológicas de las drogas.

Entre las consecuencias filosóficas están la disminución de la capacidad de contemplación de lo bello, el envejecimiento emocional, la pérdida de la sabiduría existencial. Entre las psicológicas, están la producción inconsciente de la imagen sobredimensionada de la droga, la prisión interior, la pérdida de la libertad. Entre las sociológicas, está la pérdida de liderazgo, del dinamismo y de la motivación.

La curiosidad no es un impulso motivacional constante: aparece y desaparece de acuerdo con el ambiente y las circunstancias. Corresponde al yo dirigir la energía de la curiosidad hacia experiencias que enriquezcan el espíritu humano, la inteligencia y la capacidad de emprender nuevos proyectos.

La dependencia a las drogas sitúa a los jóvenes al margen de las sociedades, los aparta del proceso de transformación del mundo. Sin embargo, si canalizaran su energía hacia la ruptura de paradigmas y de los caminos enfermizos de las sociedades, ciertamente sus vidas se verían coronadas con brillantez.

Los usuarios de drogas son los mayores cuestionadores y críticos del mundo, pero, paradójicamente, son los que menos hacen algo para mejorarlo. Se convierten en lo que más odian:

víctimas del mundo que cuestionan. Quién sabe si al leer estas palabras obtendrán las fuerzas no sólo para romper la cárcel de la dependencia, sino también para ser agentes modificadores de la sociedad.

Me gusta conversar con ellos. Sé que aunque estén aprisionados, muchos de ellos poseen una fuerza increíble que, si es liberada, puede originar una verdadera revolución dentro de ellos mismos y en el medio que los rodea.

4. Conflictos internos

Ésta fue la cuarta causa señalada por los universitarios que han experimentado con drogas. Los conflictos internos y, hasta cierto punto, la curiosidad y la influencia de los amigos, están relacionados con un proceso deficiente de formación de la personalidad de los jóvenes en el ambiente familiar moderno.

Los conflictos interiores de un joven son muchos y pueden traducirse en problemas sexuales, depresiones, fobias, dificultad para establecer relaciones sociales, inseguridad, inestabilidad emocional, etcétera.

Muchos jóvenes han sido víctimas de alguna depresión no diagnosticada. Al estar deprimidos, algunos buscan en el efecto de las drogas, incluido el alcohol, una reacción antidepresiva. Otros que son tímidos buscan la sustancia psicotrópica como un facilitador de las relaciones sociales. Otros, debido a conflictos con sus padres, quieren hallar en las drogas un mecanismo de rebelión y evasión. En fin, los conflictos mentales pueden abrir las compuertas de la psique, volviéndolos más vulnerables, es decir, menos resistentes al uso de drogas.

Los sufrimientos humanos, cuando están bien trabajados, se convierten en una herramienta que pule el alma y estimula la sabiduría. Lamentablemente, el uso de drogas reprime la acción y la consciencia del "yo", lo que da como resultado un debilitamiento de la capacidad y de la habilidad de una persona para trabajar las experiencias dolorosas. No hay peor remedio para el dolor que esconderlo, maquillarlo, anestesiarlo por medio del efecto psicotrópico de las drogas.

5. El sentimiento de rechazo

Recuerdo una clínica psiquiátrica que conocí en Alemania, en los alrededores de Stuttgart. En aquella ocasión, mientras el director clínico me mostraba el funcionamiento de la institución, pasamos ante un grupo de pacientes farmacodependientes. Uno de ellos comentó con los otros: "Nos están visitando como si fuéramos animales en un zoológico". Eso demuestra a qué grado algunos usuarios de drogas se sienten rechazados. Es preciso ayudarlos, orientarlos para que se den cuenta de que son seres humanos, independientemente de que consuman drogas o no.

La discriminación racial, cultural o de cualquier índole es un cáncer de la sociedad. El dolor que provoca es indescriptible. Los que se sienten discriminados pueden tener otra motivación más para recurrir a los efectos de las drogas como factor de compensación psíquica.

Siete universitarios respondieron que experimentaron con las drogas por primera vez porque se sentían rechazados por las personas. Eso, sin duda, también está asociado con los problemas del ambiente familiar. Si un joven se siente rechazado, no aceptado o no acogido por los miembros de su propia familia, con los cuales ha convivido por tantos años, ciertamente se sentirá rechazado también en el ambiente social, pues en ese medio los lazos que unen a las personas son más frágiles y temporales.

A pesar de que a veces no nos damos cuenta, varias de las personas que nos rodean se sienten rechazadas, menospreciadas, por eso viven siempre exigiendo una atención especial. En cuanto alguien hace algún gesto que les desagrade, incluso una simple expresión facial, por ejemplo, ya se sienten ofendidas. Si fueran más seguras no les importarían tanto las palabras y el comportamiento de los demás hacia su persona.

A pesar de que el sentimiento de rechazo es común, hay personas con mayor sensibilidad, que sufren mucho más ante una situación de repudio. Y, entre ellas, existen aquellas que se sienten tan excluidas, tan rechazadas en su ambiente social y familiar, que todos los comportamientos adversos a su alrededor los convierten en una ofensa. Es difícil establecer una relación con ese tipo de personas, debido a su hipersensibilidad emocional. Si no revisan ese rasgo de su personalidad, pueden desarrollar una depresión en alguna etapa de su vida.

No es difícil concluir que algunos jóvenes, que son hipersensibles y se sienten discriminados socialmente, intentarán encontrar en las drogas un medio para superar la soledad. Como las drogas no rechazan a nadie y siempre están disponibles, es fácil para esas personas iniciarse en la dramática escalada rumbo a la dependencia. Todos hemos escuchado hablar de aquellas personas que, cuando comienzan a consumir bebidas alcohólicas, no pueden parar, embriagándose compulsivamente.

Discriminar a un ser humano por el color de la piel, la condición social, financiera y cultural es una afrenta a la inteligencia. Todos somos dignos como seres humanos. Nadie debería sentirse inferior a ningún tipo de persona. Rescatar la autoestima y el valor real de la vida puede vacunarnos no sólo contra el uso de drogas, sino también contra una serie de trastornos mentales.

6. Padres que no dialogan

Esta causa apareció en sexto lugar. Sólo cinco señalaron esa respuesta: la falta de diálogo con los padres. Pero ¿eso es correcto? ¿Será que la mayoría de ellos era consciente, al responder la pregunta, de la importancia de ese diálogo, de cómo la falta de comunicación abierta y constante con los padres pudo haber contribuido a su experiencia con las drogas? Creo que no.

El diálogo transforma las relaciones humanas en un jardín. Sin embargo, dialogar no quiere decir exactamente conversar. En las sociedades modernas, el ser humano vive recluido dentro de sí mismo. La soledad es silenciosa. No sabemos hablar de nosotros mismos, de nuestros sueños, de nuestros proyectos más íntimos. No sabemos expresar nuestras debilidades, inseguridades y experiencias más silenciosas.

Estamos viviendo abandonados en la sociedad. Nunca estuvimos tan cercanos físicamente, pero tan distantes interiormente. Nunca hablamos tanto de cosas que están fuera de nosotros y nos callamos tanto sobre nuestras experiencias más íntimas. Los jóvenes, los viejos, los incultos, los intelectuales, han vivido reprimidos en el territorio de la emoción. La crisis del diálogo en la actualidad es tan grande que, por desgracia, las personas sólo tienen el valor de hablar sobre sí mismas cuando están ante un psiquiatra o un psicoterapeuta.

¿Por qué millones de personas consumen drogas? Como hemos visto, las causas son muchas. Pero debemos saber que entre ellas están la soledad y la crisis de las relaciones sociales.

7. La influencia de traficantes

Al contrario de lo que mucha gente piensa y de lo que divulgan los medios de comunicación, es poco frecuente que un joven se inicie en el uso de las drogas por influencia de narcotraficantes. Según la investigación, el influjo de los narcotraficantes ocupa el séptimo lugar entre las causas que los llevaron a experimentar con drogas psicotrópicas; sólo tres entrevistados la mencionaron.

Los traficantes a los que nos referimos son aquellos que viven exclusivamente del tráfico de drogas. Ellos muy rara vez inducen a los jóvenes, pues para eso es necesario conquistar la confianza de las futuras víctimas, cultivar su amistad y hacer que los admiren. Eso toma tiempo, pues se requiere mucha habilidad para sustentar la farsa de ser amigo de aquel a quien se pretende inducir en las drogas.

En realidad, la gran mayoría de los jóvenes acaba siendo influida por los propios amigos. Ellos siempre compran una cantidad mayor de marihuana, cocaína, comprimidos ("tachas"), etcétera, suficiente para varias dosis. Como se sienten al margen de la sociedad, siempre están atrayendo a nuevos miembros a su grupo social. Por eso ofrecen las drogas a los que comienzan. Y éstos, en un ímpetu de curiosidad y libertad, dan inicio a su primera experiencia.

Cuando una persona o un grupo practican algo que disfrutan suelen divulgar y envolver a otras personas en dicha práctica. Si eso es cierto en relación con los adultos, es mucho más con los adolescentes, pues, como dije, son mucho más cohesivos en sus relaciones.

8. Dificultades financieras

Dos universitarios respondieron que experimentaron con las drogas a causa de dificultades financieras. A pesar de ser una causa rara entre universitarios, es común en las clases más pobres. Las drogas se utilizan para aliviar la inseguridad, la aflicción y los sufrimientos causados por la falta de los recursos financieros mínimos para una supervivencia humana digna.

Es claro que las drogas no pueden y no tienen la capacidad de producir alivio psicológico saludable en esas personas; por el contrario, los problemas aumentarán, pues cuando se vuelvan adictas, tendrán que conseguir más dinero, mismo que no tienen, para financiar su dependencia.

Si no lo consiguen mediante el trabajo honesto, lo harán por medios ilícitos, como la delincuencia, los robos o se transformarán en pequeños narcotraficantes. He tenido pacientes que pasaron por esa situación.

9. Genética

En el campo de la neurología, la carga genética puede provocar alteraciones metabólicas y deficiencias en la corteza cerebral, generando enfermedades graves, como el síndrome de Down. En psiquiatría, la carga genética no condena a nadie. No es capaz, por sí misma, de producir las enfermedades mentales, tales como la depresión, la ansiedad, la psicosis, el alcoholismo u otra dependencia química. Como máximo, puede influir en la aparición de esos padecimientos.

Algunos tipos de depresión y trastornos mentales pueden tener un influjo genético. Sin embargo, incluso dos gemelos idénticos, portadores de la misma carga genética, pueden tener personalidades totalmente distintas, aunque sean hijos de padres depresivos. Uno puede padecer crisis depresivas y el otro puede ser alegre, estable y extrovertido. ¿Por qué esa discrepancia? Porque las variables que producen la formación de la personalidad son multifocales y se combinan de múltiples maneras.

La carga genética no define las estructuras más importantes de la inteligencia, es decir, el arte de pensar, la capacidad de una persona de trabajar sus pérdidas, la habilidad de filtrar los estímulos estresantes, de dialogar sobre sus conflictos, de obtener placer de los acontecimientos de la vida, de socializar y de construir relaciones saludables.

El equipamiento genético produce, como máximo, los niveles de sensibilidad emocional y el ritmo del flujo de energía cerebral en el que se construirán las estructuras de la inteligencia, producidas por diversos fenómenos mentales y no físicos. Estudié ese tema a lo largo de diecisiete años y lo publiqué en el libro *Inteligencia multifocal*.

La carga genética puede permitir a una persona ser más o menos sensible a los estímulos del medio ambiente y a los propios estímulos internos, tales como sus pensamientos. Observa que los niños, al nacer y a lo largo de los primeros meses de vida, ya poseen algunas características propias. Algunos son hiperactivos y otros muy tranquilos; algunos reaccionan menos al dolor y otros lloran a la mínima incomodidad; algunos duermen tranquilamente y otros, sencillamente, no duermen. Esas características tienen una propensión genética, aunque también reciben la influencia de numerosos factores que ocurren en el desarrollo fetal.

Faltan estudios científicos, pero la influencia genética debe estar ligada a los neurotransmisores cerebrales, que son como los empleados de los "correos" del cerebro, que difunden los mensajes de una célula nerviosa a otra.

En algunos casos, es posible que haya una predisposición genética para el alcoholismo, pero difícilmente para otras drogas. Algunos padres alcohólicos pueden tener hijos más introvertidos y sensibles a los efectos del alcohol, pero esto no significa que estarán tan enfermos como sus padres.

Tanto los padres gravemente depresivos como los padres alcohólicos pueden tener hijos seguros, libres y alegres, principalmente si el ambiente familiar y educativo los estimula a tener metas, sueños, proyectos de vida y a desarrollar el arte de pensar y la capacidad de superar sus frustraciones. Por otro lado, si el ambiente es hostil, agresivo y estresante, se asociará a la influencia genética, y puede contribuir a que algunos hijos también desarrollen depresión y alcoholismo.

Capítulo 7

La prevención
en el ambiente familiar

El diálogo familiar es la mejor prevención contra algunos males

Al tratar este delicado tema, pretendo mostrar un camino para que los padres estimulen el arte de pensar de sus hijos y los vacunen contra el consumo de drogas. Todo lo que sea dicho aquí puede aplicarse también en la relación maestro-alumno.

Muchos padres tienen una gran dificultad para dialogar con sus hijos sobre temas polémicos y conflictivos, pero si no se esfuerzan por vencer esa barrera, los jóvenes aprenderán esos asuntos con otras personas, en cualquier otro lugar: en las escuelas, en los clubes, etcétera. Y muchas veces, ese aprendizaje podrá estar distorsionado e incluso ser malsano.

Tenemos miedo de dialogar acerca de asuntos sobre los cuales no tenemos pleno control. Enfrentamos dificultades para lidiar con nuestra ansiedad y estimular el debate de ideas. Aprender a crear un ambiente inteligente, abierto y espontáneo sobre temas complejos y polémicos alienta la sabiduría y expande las funciones más importantes de la mente.

Los padres y los educadores deberían aprender a navegar en el territorio de la emoción, y a ser los primeros en discutir con los jóvenes sobre temas ligados a las relaciones humanas, el sexo, la libertad social, las drogas.

Por desgracia, eso sucede rara vez y, cuando ocurre, faltan algunos ingredientes que estimulen el arte de pensar.

1. La primera enseñanza es la que más influye en la personalidad

La memoria de un niño es como una hoja en blanco, lista para ser escrita, aunque a los siete años ya tenga millones de experiencias archivadas. Por eso, la primera "impresión" registrada por el fenómeno RAM, la primera enseñanza o concepto que el niño escucha y asimila sobre un determinado asunto es lo que más influye en la personalidad y se incorpora a ella.

Por ejemplo, existen jóvenes y adultos, principalmente del sexo femenino, que tienen verdadero pavor, pánico, de las cucarachas o los ratones. Eso se debe a que esas personas, en su infancia, escucharon palabras y presenciaron comportamientos de sus madres o de otros adultos que consideraban a las cucarachas y a los pequeños ratones como animales terribles y amenazadores. Lo que se quedó en la memoria no es la dimensión real de las cucarachas y de los ratones, sino el significado de la dimensión, conforme a los mecanismos que ya mencioné.

Si, por el contrario, los adultos hubieran enseñado a esos niños que las cucarachas y los ratones son sólo y simplemente animales antihigiénicos, cuando fueran mayores no mostrarían pavor ante ellos. He tenido diversos pacientes, incluso dos educadoras, que no podían entrar en un lugar donde hubiera una lagartija. El problema no era el pequeño reptil exterior, sino el "enorme" reptil registrado dentro de ellas.

A partir de estos prosaicos ejemplos, vale la pena reflexionar sobre cómo el aprendizaje inicial, las primeras experiencias de la vida de los niños, definen en forma importante sus personalidades adultas.

Podemos trasladar ese mismo principio a las drogas. Lo que los niños y adolescentes escucharon y aprendieron al respecto construirá un concepto, un significado o representación psicológica de las drogas en su personalidad. Es por eso que los padres, en ningún caso, deberían abandonar la posibilidad de ser los primeros en conversar sobre las drogas con sus hijos y transmitirles su concepto acerca de ellas. Para eso necesitan información y educación, que es el objetivo de este libro.

Una vez que los jóvenes aprenden el concepto social de las drogas con los amigos usuarios, cuyo compromiso es sólo con el placer momentáneo, será muy difícil reestructurarlos.

Desde el punto de vista personal, creo que los padres deben dialogar con sus hijos sobre las drogas cuando éstos tienen entre siete y once años, pues a partir de entonces es probable que las conozcan en las calles, en los rincones de las escuelas, en los clubes, etcétera. Fundamentado en la importancia del aprendizaje inicial, abogo por que los padres dialoguen con sus hijos sobre las drogas, incluyendo el tabaco y el alcohol, a partir de los siete años.

Los jóvenes de hoy, que tienen más de once años, saben más sobre drogas que sus padres y que la mayoría de los maestros e, incluso, más que muchos médicos, ya que buena parte de los médicos desconoce que diversos medicamentos psicotrópicos son drogas susceptibles de provocar dependencia. Pero los jóvenes lo saben, porque han oído comentarios de otros compañeros al respecto.

Si los padres y los educadores no crean un debate inteligente con respecto a las drogas, los niños y los jóvenes aprenderán sobre ellas en otros terrenos de la sociedad. Sólo que aprenderán sin consciencia crítica, sin tener en cuenta las peligrosas consecuencias y, por tanto, pueden ser estimulados por ellas.

En todo el mundo, millones de jóvenes se inician anualmente en el consumo de drogas. Entran por la colorida puerta de sus efectos. Comienzan con los cigarrillos de tabaco, pasan por las bebidas alcohólicas —usándolas en dosis cada vez mayores—, experimentan tal vez con el *popper* (una droga afrodisiaca) y de ahí se dirigen al uso de marihuana o cocaína. Hoy, muchos jóvenes se inician directamente con la cocaína. No saben que están corriendo el grave riesgo de perder el derecho a ser libres.

2. Cómo dialogar con respecto a las drogas

A pesar de que no hay reglas para un diálogo de ese tipo, sí existen principios.

Los padres no deben tener miedo de comentar con los jóvenes los posibles placeres momentáneos que causan las drogas, es decir, sus efectos psicológicos ocasionados por su consumo, incluyendo los cigarrillos de tabaco.

Cuando los hijos pregunten sobre algún tipo de placer o efecto psicológico de las drogas, los padres deben conversar al respecto, siempre resaltando que no todo lo que genera algún tipo de placer es saludable; hay cosas que, además de no ser beneficiosas, pueden ser extremadamente destructivas. Existen numerosos ejemplos prácticos: jugar con fuego, jugar con un arma, conducir un auto a alta velocidad, etcétera. Tales actos pueden provocar placer, pero los riesgos son enormes y muchas personas se destruyen con esas prácticas.

Los padres deben ser creativos, espontáneos y auténticos al dialogar con sus hijos sobre las drogas, el sexo, el futuro, etcétera. No deberían ser fríos, inseguros y rígidos al tratar asuntos polémicos. Nunca deben olvidar que, en el caso de las drogas, es fundamental comentar que pueden provocar la peor prisión del mundo y pueden conducir a las personas inteligentes a ser prisioneras e infelices en el territorio de la emoción.

3. *Promover reuniones para debatir ideas*

Los padres no necesitan esperar a que los hijos pregunten sobre las drogas para conversar con ellos. Como ya dije, los padres deberían ser los primeros maestros de los jóvenes.

Es recomendable que se hagan reuniones exclusivas para hablar sobre drogas, sexo, límites y responsabilidades sociales. Denomino a esas reuniones RDI (reunión de debates de ideas). Pueden realizarse cada mes. ¿Se deben hacer esas reuniones al azar o con una fecha programada? La experiencia ha confirmado que si no se programan previamente, las reuniones difícilmente tendrán lugar.

Hay otro tipo de reunión que debe ocurrir con más frecuencia, de preferencia cada semana. Es la reunión en la que se cultiva el diálogo entre los miembros de la familia. En ellas, los padres deben escuchar a sus hijos, intercambiar experiencias, reconocer sus propios errores y, si es necesario, ofrecerles disculpas. ¿Cómo es posible que los padres reconozcan sus errores y ofrezcan disculpas a sus hijos? "¡Pero eso no está en los manuales de educación!", dirán algunos. Yo diría: "No se preocupen por los manuales de educación, porque funcionan precariamente".

Los padres que exigen a sus hijos actitudes nobles ante la vida, deben salir de ese discurso y mostrarlas en su propia historia. Los padres que quieren estimular a sus hijos a ser sabios, libres, capaces de interiorizarse, de pensar antes de reaccionar y de observar el mundo no sólo con los propios ojos, sino también con los ojos de los demás, no deben tener miedo de reconocer sus errores, dificultades, limitaciones y, mucho menos, de ofrecer disculpas a sus hijos y demostrar que es posible corregir el rumbo de sus vidas.

Ese comportamiento vale más que mil reglas educativas. No es fácil educar a los hijos. Es fácil educar a los hijos de otros, pero no a los nuestros. La personalidad de los jóvenes no se fabrica, sólo es posible estimularla y, si lo hacemos con sabiduría, sembraremos en ellos las funciones más importantes de la inteligencia.

4. Dialogar sin drama

Cuando hablen sobre las drogas, o sobre cualquier otro asunto polémico, los padres no deben hacer drama. Pienso que se debe asumir una postura segura, mostrando la seriedad del hecho, aunque en un tono de voz natural, no agresivo ni impositivo.

Si los niños perciben confianza, espontaneidad y serenidad en sus padres, seguramente abrirán las ventanas de su inteligencia e incorporarán conceptos que imprimirán una representación saludable en el inconsciente.

Si, por otro lado, los niños escuchan un discurso vacío, rígido, intolerante, cargado de ideas prohibitivas sobre el uso de las drogas, no se vacunarán contra su uso. Afirmo que la gran mayoría de los jóvenes que consumen drogas y son prisioneros de ellas escucharon, antes de iniciarse en su uso, a sus padres y maestros hablando mal de ellas. ¿Qué educación es ésta que no se adentra en las entrañas del proceso de formación de la personalidad?

He dado conferencias a muchos educadores y he entrenado a diversos psicólogos. Sistemática y enfáticamente les digo que necesitamos revisar los lineamientos del proceso educativo, o seguiremos creando una juventud enferma, que conoce poco el arte de pensar.

Ninguna planta está sana si no tiene raíces profundas. Dar reglas a los jóvenes y establecer límites rígidos de comportamiento sin conducirlos a navegar dentro de sí mismos es insuficiente para echar raíces en el núcleo de la inteligencia. Cuando los padres se reúnen placenteramente con sus hijos y estimulan el debate de ideas, se crea un ambiente adecuado para discutir el tema de las drogas. Así, los jóvenes no las consumirán, no porque estén prohibidas, sino porque aprendieron a valorar el espectáculo de la vida.

5. No hablar en exceso

Otro principio importante es no extenderse demasiado en las explicaciones cuando se reúnan con sus hijos. Los padres deben tener un conocimiento general sobre las drogas, pero no deben revelar toda la información que saben. En caso contrario, la sala de la casa se transformará en un salón de clases frío y poco interesante. No será un diálogo, sino un monólogo monótono y poco atractivo.

Es muy importante que los padres aprendan a estimular el arte de la pregunta. Interroguen más a los hijos de lo que les responden. Estimúlenlos a encontrar sus propias respuestas. Es más seguro e inteligente que tengan sus propias contestaciones. El arte de la pregunta estimula el arte de la duda, es decir, lleva a la persona a dudar de sus conceptos y a abrirse a otras posibilidades. A su vez, el arte de la duda estimula el arte de pensar.

Si la educación descubriera el valor y la necesidad de mezclar el arte de la pregunta con el arte de la duda y de la crítica, ciertamente se revolucionaría el arte de pensar. Sin el desarrollo de esas tres artes, no desarrollaremos la inteligencia en forma multifocal.

Los padres deben asegurarse de que sus hijos absorban las enseñanzas, estimulándolos no sólo a pensar, sino también a expresar sus pensamientos. Ese procedimiento alentará la seguridad, la habilidad intelectual y la autoestima de los jóvenes, y puede incluso corregir una angustiante característica de la personalidad que ataca a muchos jóvenes: la timidez.

Los tímidos hablan poco, pero piensan mucho. Para tener una emoción saludable y protegida, y una inteligencia emprendedora, ellos necesitan aprender a expresar sus pensamientos. Las RDI (reunión de debate de ideas) pueden ayudarles mucho.

No se debe preestablecer un tiempo para las RDI, pero en general no deben ser largas. Deben siempre terminar con esta frase: "¡Qué lástima que terminó!", y no con: "¡Qué bueno que se acabó!". Tal vez media hora o una hora sea suficiente. Los padres no necesariamente deben comenzar los debates, los hijos también deben hacerlo.

El asunto que se discute puede no ser las drogas; también los conflictos, dificultades o temas de interés de los miembros participantes, incluso temas relacionados con profesiones o financieros. Las RDI pueden estimular el amor mutuo y el trabajo en equipo.

Una última recomendación: los padres deben aprender a cultivar, en sus hijos, el placer del diálogo conjunto. Si preguntáramos a los padres si aprecian conversar con sus hijos, la gran mayoría dirá que sí, sin titubear. Sin embargo, sus actitudes muestran que no. Tienen tiempo para cepillarse los dientes, pero no para higienizar las relaciones entre ellos; tienen tiempo para arreglar la fuga de agua en el grifo, pero no para reparar la fuga de credibilidad y de respeto entre ellos; tienen tiempo para llevar el auto al mecánico, pero no tienen el valor de asumir sus dificultades y reparar la crisis del diálogo.

Padres e hijos son capaces de escuchar, por horas, a los personajes de la televisión, pero no pueden escuchar con placer, por algunos minutos, lo que está sucediendo en el interior de unos y otros.

Capítulo 8

Revisar la relación entre padres e hijos

Principios fundamentales para ayudar a los jóvenes
a romper la cárcel de la emoción

¿Cómo conversar con los hijos que están consumiendo drogas, o se sospecha que lo estén haciendo? ¿Es posible comenzar un diálogo con esos jóvenes y ocupar un lugar más importante en el núcleo de su ser? Se trata de una tarea difícil, pero posible.

Para intentar ayudar a los padres, educadores y profesionales de la salud, voy a exponer de manera didáctica algunos principios fundamentales, que no deben seguirse como una regla, sino adaptarse a las experiencias de vida de cada uno. Me gustaría decir que es posible aplicar esos principios no sólo a las familias cuyos hijos consumen drogas, sino a todas las familias que quieren mejorar su calidad de vida, ayudar a sus hijos y sanar sus estructuras enfermizas.

1. No sumergirse en el sentimiento de culpa

Muchos jóvenes que consumen drogas no tienen problemas familiares más importantes que la gran mayoría de otros que nunca llegan a consumirlas. Muchas veces, el uso de drogas es una mera cuestión de oportunidad, que se presenta en ambientes y circunstancias propicios. En otras palabras, si un joven está consumiendo drogas, los padres no deben pensar que su familia es problemática y que han fracasado en la educación de sus hijos.

Muchos psicólogos se equivocan al poner una excesiva carga de culpa sobre los padres por los conflictos de los hijos. Los padres necesitan valor y no culpa. Necesitan tener esperanza para transmitir esperanza y apoyo a sus hijos.

Las sociedades modernas son muy estresantes. Trabajamos mucho, invertimos nuestras energías para sobrevivir, pagar la escuela de los hijos, mantener el auto, hacer un plan de salud y de previsión. Llegamos a casa y no tenemos disposición para conversar. Encendemos el televisor, pero no prestamos atención a las escenas, queremos relajarnos. Abrimos el periódico y vamos a los hechos de siempre. Nada cambia. Pero los textos del periódico son terapéuticos, relajantes. Por desgracia, no invertimos tiempo en las personas más importantes, como nuestros hijos y nuestro cónyuge.

Al investigar los problemas de nuestros hijos, descubrimos que nos equivocamos. Pero ¿qué debemos hacer con nuestros errores? ¿Usarlos para destruirnos, culparnos, castigarnos? ¡No! Debemos emplearlos como un elemento para generar nuevos cambios. Debemos también ser conscientes de que el fenómeno es mundial. Hay millones de jóvenes que consumen drogas. La mayoría de las veces, lo hacen no porque sean más problemáticos que quienes no las consumen, sino porque tuvieron más oportunidades de hacerlo.

El perfil psicológico de los usuarios ha cambiado. En el pasado, en su gran mayoría, los usuarios eran jóvenes portadores de graves conflictos e hijos de padres enfermos. Me gustaría afirmar que, en la actualidad, los jóvenes con pequeños conflictos, que no difieren del promedio de la población y que son hijos de padres excelentes, están consumiendo drogas y convirtiéndose en adictos.

Una persona no necesita estar enferma para convertirse en una adicta; el efecto de las drogas es suficiente para enfermar a cualquier persona.

2. Mantener la calma y eliminar la agresividad

Al descubrir que tu hijo está consumiendo drogas, lo mejor será no hacer nada precipitado; habrá que detenerse a reflexionar y evitar reaccionar antes de pensar. La gran mayoría de los padres no sabe conquistar a sus hijos en las dificultades. El miedo, la aprensión y la ansiedad que los invaden bloquean su inteligencia. Con sus reacciones impulsivas, acaban atrapándolos más que ayudándolos.

La irritación, la agresividad, el castigo a los hijos y el autocastigo nada resuelven; al contrario, perjudican. Claro que, en la fase inicial, poner límites e incluso dar una buena reprimenda puede ayudar, pero es insuficiente, pues el problema es más profundo.

Los principios del "amor exigente" son acertados. Tenemos que exigir límites a nuestros hijos, pero primero debemos darles amor. Los padres tienen que entregarse, brindar su amistad, su cariño, su atención, su sabiduría y su inteligencia a sus hijos, para después poner límites y reaccionar en consecuencia.

Si los padres no procuran ser los mejores amigos de sus hijos y no cambian su actitud hacia ellos, éstos, además de buscar el efecto de las drogas para compensar la indiferencia y la agresividad de sus padres, se dejarán influir aún más por los compañeros que las consumen.

Los padres deben tener en mente que muchos jóvenes que experimentan con drogas dejan de consumirlas antes de volverse dependientes. Y que es posible que su hijo, por muy mala que sea la situación, puede liberarse de la cárcel de la dependencia.

Valor para atravesar el desierto de la dependencia, paciencia para hacer la travesía, sabiduría para elegir el mejor camino y amor para renovar las fuerzas durante la jornada son necesidades fundamentales, tanto de las personas dependientes como de quienes las están ayudando: padres, educadores, profesionales. Incluso ante la situación más dramática, debemos irrigar el alma con esperanza.

Jamás debemos renunciar a una persona, por más enferma que esté, por más recaídas que tenga, por más batallas perdidas. Un día, el peor invierno se transformará en la más bella primavera.

3. El rescate del primer amor

Es importante reconocer los errores; hacer una revisión de nuestra vida también lo es, pero acusarse mutuamente por el hecho de que los hijos consuman drogas es el inicio de la derrota de los padres.

Como hemos visto en los temas anteriores, la culpa y las reacciones agresivas propician un camino para el intercambio de acusaciones entre marido y esposa, creando una barrera insuperable en la relación. ¿Quién cometió más errores? ¿El padre o la madre? Ésas no son las preguntas que deben hacerse, sino: "¿Qué vamos a hacer juntos para ayudar a nuestro hijo?".

Ciertamente cada uno tiene fuertes argumentos para exponer las fallas del otro en la educación del hijo. A veces la situación se vuelve tan grave que el ambiente familiar se convierte en la "tercera guerra". En un momento tan serio, los padres deberían mantenerse unidos, relacionarse con más amor y respeto que antes. La agresividad y un ambiente de acusaciones entre padre y madre, y de los padres con el joven, sólo harán que éste se hunda todavía más en los pantanos de las drogas.

Si un ambiente de amor, diálogo y respeto emerge del caos, el hijo sabrá distinguir esa transformación y admirar, quizá por primera vez, el comportamiento de sus padres. Eso hará que la aventura de las drogas se vuelva psicológicamente menos interesante que el espectáculo que está sucediendo en la relación familiar.

Si los padres reaprenden a enamorarse y a rescatar el primer amor en vez de comenzar una guerra de reproches, estarán haciéndose un gran favor, a sí mismos y a sus hijos. Ese comportamiento causará un impacto tan grande en el inconsciente de los chicos que comenzará a derrotar al dinosaurio de la dependencia. El tratamiento de los hijos empieza no sólo dentro de ellos, sino también en el núcleo del alma de sus padres.

4. Una revolución en la relación con los hijos

Cuando un joven consume drogas, éstas poco a poco van ocupando un área importante de su inconsciente. ¿Cómo ocupar un espacio en los rincones de la memoria de una persona que está cerrada al mundo? Esto representa un gran desafío para la psicología y la psiquiatría. Los libros de autoayuda poco aportan a situaciones que de hecho son complicadas.

No existe una solución mágica. Es preciso tener sensibilidad. Es necesario abandonar los viejos métodos y reencender la creatividad. No hay nada más ingenioso que adentrarse en el mundo de alguien y volverse importante para él o para ella. Conquistar un espacio, un valor más grande que el de la droga, es un inmenso y bello desafío para los padres.

Dar consejos poco resuelve. Tampoco demostrar que las drogas dañan la salud. Es una batalla tan grande que deja a los terapeutas sin posibilidad de actuar. En esta batalla, hablar mal del enemigo es completamente ineficaz. Es necesario cambiar el foco de atención, sorprenderlos con nuevas actitudes.

Intentaré hacer una síntesis de los fenómenos que considero importantes.

a) Una relación permeada de relajación y placer

En general, he comprobado que el comportamiento de los padres con el hijo que está consumiendo drogas es agresivo, guiado por la desconfianza, poco cariñoso y expuesto a mucho estrés.

Cuando conversamos con los padres y con el hijo por separado, se muestran dóciles, lúcidos, humildes, llenos de sentimientos para con el otro. Pero cuando nos reunimos para hablar uno del otro, se libran verdaderas batallas de agresiones, acusaciones y resentimiento. Separados, se aman; juntos, se hacen la guerra.

¿Por qué esa discrepancia? Porque son víctimas del gatillo de la memoria, el cual desvía el territorio de lectura (ancla) hacia áreas de conflicto, y genera reacciones que ellos no logran gestionar. Las relaciones humanas son muy complejas. Reaccionamos ante el otro no por lo que él es, sino porque lo que de él tenemos registrado dentro de nosotros. Si el registro es enfermizo, nuestras reacciones serán enfermizas. Si durante toda la vida imperaron la agresividad y las reacciones impulsivas, no esperes que el mar se calme en la relación. Como ya vimos, es necesario reconstruir el presente para reescribir el pasado.

Hay padres e hijos que nunca pueden dialogar lúcida y tranquilamente entre ellos, aunque se amen. El problema no es la falta de sentimientos entre ellos, sino que son esclavos de la representación enfermiza que tienen unos de los otros. Dicha representación limita y confina el amor. Algunos, por desgracia, sólo sabrán a qué grado fue importante su padre o su hijo cuando lleguen al final de su vida.

Orientar a los padres e hijos a comprender el gatillo de la memoria, a no gravitar en torno a los resentimientos y a administrar sus pensamientos y emociones en los focos de tensión es el primer paso para dar lugar a nuevos cambios.

Para vencer la cárcel de la emoción, es necesario que los padres y los hijos construyan una nueva relación, más alegre, más divertida, más sencilla y afectiva. Debemos grabarnos esta frase:

"Los padres se deben preocupar menos por la droga consumida por el hijo y más por el hijo que consume la droga". Por lo general, ocurre lo contrario.

Los padres deben olvidarse de la droga por un tiempo y no mirar a sus hijos como personas marginales o maliciosas que pretenden engañarlos. Deben mirarlos como seres humanos que necesitan ser envueltos fraternalmente entre sus brazos y acariciados. Ese principio vale para ayudar a cualquier persona, en cualquier situación.

Los padres tienen que aprender a quitarse el "yeso" de la inteligencia: ser bromistas, simplones y realizar actividades divertidas con sus hijos.

Las prisas cotidianas, la fatiga del trabajo, los compromisos sociales y los problemas de la vida terminan naturalmente por hacer que la relación entre padres e hijos sea distante y muy formal. Ese ambiente de seriedad y frialdad empeora aún más cuando los padres descubren que un hijo está consumiendo drogas. Por eso, el primer paso para que los padres se acerquen a sus hijos es hacer a un lado la crítica, el miedo y las acusaciones, y comenzar a hacer de su familia una fiesta, un crisol de placer.

El padre que se comporta como un "payaso" para cautivar y encantar a su hijo tiene más posibilidades de ayudarlo que aquel que se comporta como un "policía" e intenta castigarlo.

Jamás debemos olvidar que una vez instalada la dependencia, el problema ya no es la droga química, sino el "monstruo" que habita en el inconsciente. Cómo hacer para destruir a ese "monstruo" es el mayor desafío de la medicina. No es cuestión de sólo alejarse de ella, sino de reaprender a vivir sin la droga.

b) *Una relación franca*

El segundo paso que los padres deben dar para conquistar un espacio en el mundo interior de sus hijos es tener con ellos una relación de franqueza, sinceridad y honestidad, y hacerlo sin dejar de mostrarles respeto y sin emplear palabras sutiles que impliquen desconfianza o imposición.

Conforme a lo que decíamos en el apartado anterior, si los padres logran crear un ambiente placentero y relajado para relacionarse con sus hijos, estarán abriendo un camino para entablar con ellos conversaciones sinceras y honestas.

Sin ese primer paso, el asunto se torna difícil, porque cualquier palabra que digan a sus hijos sonará como ofensa, persecución o intromisión. Pero, cuando a lo largo de los días y semanas, los padres despiertan la admiración de sus hijos, ellos automáticamente los considerarán importantes y no querrán ofenderlos. No obstante, es fundamental que los padres sean honestos y sinceros.

Como ya dije, ser honesto no significa ser agresivo ni dramático, y mucho menos ser impositivo. Los padres deben aprender a hablar de las drogas sin miedo y sin tabúes. Así, los hijos se abrirán con ellos y les contarán su verdadera relación con las drogas. Al conocerla, los padres no deben asustarse ni condenar a sus hijos, sino tratar de permanecer tranquilos, sin darles a las drogas una importancia exagerada. Deben creer que están volviéndose más importantes en la vida de sus hijos y que los convencerán de que los admiran y creen que ellos saldrán triunfadores de esa situación.

En esa atmósfera, los hijos apreciarán más a sus padres, admirarán su equilibrio y honestidad, su madurez y la consideración que demuestran. Eso minimizará sus experiencias con las drogas y fortalecerá la relación con sus padres.

He visto suceder esto varias veces: en cuanto la relación entre padres e hijos se restauró, las drogas pasaron a ocupar un plano secundario en la vida de los jóvenes y con eso se motivaron para dejar de consumirlas.

Un joven puede dejar más fácilmente de consumir drogas por consideración a su vida y por el amor y respeto a sus padres que por los perjuicios físicos y psicológicos que ellas pueden provocar en sus vidas.

c) Una relación abierta

Una vez más repito que los padres deben mantener una relación estrecha con sus hijos, compartiendo sus experiencias, tanto positivas como negativas, para que los jóvenes no piensen que sólo ellos enfrentan problemas. Los padres que no poseen el valor de reconocer sus conflictos, de admitir sus debilidades, de exponer sus errores de juventud, ciertamente estarán más distantes de su hijo de lo que puedan imaginar. Estarán próximos físicamente, pero muy alejados interiormente.

Los padres también deben compartir sus planes, deseos, visión de vida, dificultades actuales, alegrías, etcétera, siempre dentro de los límites de la mesura y la sencillez.

Y deben aprender a escuchar a sus hijos. Escuchar es una tarea difícil, que pocos saben desempeñar. Escuchar no es sólo quedarse impávido ante los sonidos y las palabras expresadas por los demás. Es mucho más que eso: implica deshacernos de los conceptos y juicios preconcebidos e irreflexivos que tenemos de la persona que habla y de sus palabras. Implica captar los sentimientos que se manifiestan en el tono de las palabras y la forma en que son dichas, es decir, escuchar es entender aquello que las palabras no pudieron o no quisieron expresar del todo. Implica también comprender y juzgar los hechos con los elementos que nos proporcionaron, sin agregarles elementos propios.

A pesar de nuestras dificultades, aliento a los padres a cultivar el hábito de escuchar a sus hijos, estimulándolos a hablar de sus experiencias de vida, de sus conflictos, alegrías, tristezas, amigos, sueños.

Otra cosa importante de destacar es que los padres no deben valorar sólo a los hijos que no consumen drogas. Una persona que está consumiendo drogas, por más indiferente que parezca, sigue siendo una persona muy sensible, que se siente rechazada con facilidad.

Sin ejercer las artes de escuchar y del diálogo, no hay camino para que los padres ayuden a sus hijos, pues actuarán como policías y no como sus amigos. Si, por el contrario, aprenden esas dos nobilísimas artes de la inteligencia, aunque tengan dificultades para perdonarse unos a los otros por escuchar con rigidez y por el diálogo reprimido, con toda certeza la relación pasará por una profunda revolución y se convertirá en un bello poema.

Comienza todo de nuevo. Recomienza cuantas veces sea necesario. Da siempre una nueva oportunidad. Extrae vida de las cenizas. Reúne tus fuerzas para lidiar una nueva batalla. Sabio es aquel que reconoce sus errores y es capaz de usarlos como cimientos de su madurez, y no aquel que nunca se equivoca. ¡Padres y educadores, nunca se rindan!

Capítulo 9

La terapia multifocal

Una ayuda importante para romper la cárcel de la emoción

En este capítulo retomaremos todo lo visto sobre el funcionamiento de la mente y aplicaremos ese conocimiento para establecer los principios de la terapia multifocal. Esos principios podrán ayudar a los pacientes no sólo a superar la cárcel de las drogas, sino también la cárcel de la emoción generada por otras enfermedades mentales. Si el lector tiene paciencia consigo mismo y le presta atención especial a este capítulo, seguramente entenderá uno de los asuntos más complicados de la psicología.

1. Corregir la retroalimentación de la memoria producida por el fenómeno RAM

Como vimos, el fenómeno RAM es el fenómeno del registro automático de la memoria. Todas las experiencias que acumulamos en la inteligencia se registran automática e involuntariamente por ese fenómeno, el cual prioriza las experiencias que tienen mayor carga emocional.

Cuanto más producimos experiencias que involucran emociones, más quedarán registradas en lugares más privilegiados y más disponibles para ser leídas y participar en las reacciones, pensamientos, sentimientos, forma de ser, visión de vida que tenemos en el presente y que tendremos en el futuro.

La calidad de las experiencias que vivimos en la infancia determina las características que tendremos cuando seamos adultos, tales como la relajación, la seguridad, la sensibilidad, la ansiedad. Podemos no ser conscientes de nuestras miserias del pasado, pero ellas infectan nuestro presente. Tampoco podemos ser conscientes de los placeres que tuvimos, pero ellos alimentan nuestra capacidad de ser y de pensar.

Si vivimos una infancia regada con alegría, juegos, creatividad y un alto grado de socialización, tenemos grandes posibilidades de poseer una personalidad tranquila, que contempla lo bello y que aprecia el convivio social.

Si, por el contrario, vivimos una infancia saturada de experiencias punitivas, sin afectividad, desprovista de apoyo, carente de elogios y restringida en cuanto a amigos, entonces es mayor nuestra posibilidad de padecer una personalidad rígida, poco sociable, insatisfecha, con baja autoestima y con un estado de ánimo apesadumbrado.

Si un joven consume continuamente drogas alucinantes, estimulantes y depresoras del cerebro es de esperar que el fenómeno RAM retroalimente el efecto de la droga en su inconsciente, produciendo una ruptura en su libertad de pensar y de sentir.

De forma semejante, esa pequeña taquicardia acompañada de una sensación de desmayo cuando se está en un ascensor, si es retroalimentada por el fenómeno RAM, puede transformarse en una claustrofobia. Una ofensa en público, si es retroalimentada, puede generar un bloqueo social. Un miedo súbito de morirse o desmayarse en un determinado momento, si es retroalimentado, puede convertirse en un trastorno de pánico.

Esos mecanismos psicológicos son universales, y por lo tanto están presentes de distintas formas en la génesis de gran parte de las enfermedades mentales. En el caso de las fobias, que representan una aversión irracional, y en el caso de la dependencia a las drogas, que representa una atracción irracional, los mecanismos de formación son tan semejantes que podemos decir que son caras opuestas de la misma moneda.

Si nos quedamos gravitando en torno a nuestros fracasos, seguiremos sintiéndonos fracasados. Si gravitamos en torno a nuestras frustraciones, derrotas y carencias, seguiremos sintiéndonos frustrados, angustiados, insatisfechos y, lo que es peor, no cambiaremos los pilares de nuestra vida.

Todos debemos saber que, dependiendo de cómo retroalimentemos nuestras experiencias, en esa medida cavaremos nuestras propias sepulturas. Si cuidamos la higiene bucal, ¿por qué no protegemos los pensamientos que se producen y se registran en el escenario de nuestra mente? Limpiamos la suciedad del mundo físico, pero no la del alma. Si queremos ser personas enfermas, el mejor camino es no intervenir en los pensamientos negativos y en las angustias que creamos secretamente en nuestro interior. Sin embargo, si deseamos ser libres, tenemos que aprender a trabajar en nuestros pensamientos, superar nuestros dolores y proteger nuestras emociones contra las turbulencias de la vida.

Debemos ser conscientes de que los pensamientos y las emociones del presente no sólo son importantes en el momento en que están actuando, sino que son importantes porque serán los cimientos de lo que seremos en el futuro. El estrés de hoy, aunque suceda mañana, podrá usarse para crear el estrés de pasado mañana.

La terapia multifocal se inicia cuando comenzamos a dejar de ser espectadores de la construcción de pensamientos y actuamos en los papeles de la memoria. Cuando un adicto comienza a criticar, en el silencio de su mente, los pensamientos, emociones y deseos concernientes a los efectos de las drogas, empieza a reescribir su historia. La dependencia a las drogas crea raíces en las personas pasivas, pero se pulveriza en los pacientes que la enfrentan.

2. Actuar en la producción de pensamientos: el fenómeno del autoflujo

¿Quién puede interrumpir la construcción de pensamientos? Sólo quien está muerto. Es imposible detenerla. El propio intento de interrupción ya es un pensamiento. Pensamos durmiendo, en los sueños; pensamos despiertos, cuando estamos trabajando, caminando, conduciendo el auto.

Pensar es el destino de la humanidad. A veces pensamos tanto que realizamos grandes viajes sin movernos de lugar. En algunas situaciones, incluso acabamos hartos de nosotros mismos, pues no escuchamos nada de lo que nos dicen las personas. En ocasiones tenemos que "entrenarnos" para que los demás no perciban que estábamos viajando en el mundo de las ideas.

¿Cuántos pensamientos produjimos hoy? Miles y miles. ¿Cuántos de ellos produjo el "yo" (la voluntad consciente) con lógica y determinación? He planteado esa pregunta a muchas personas, incluidas intelectuales y psicólogos, y la respuesta, cuando se reflexiona, siempre ha sido la misma. Me responden que en realidad unos cuantos pensamientos son producidos por el yo, y, en cambio, la memoria surge aleatoriamente en el escenario de la mente. Esas personas no lo saben, pero, al decirme eso, están aseverando algo que nunca ha estudiado la psicología.

Razonemos. La mayoría de los pensamientos que transita por nuestra mente sobre las personas, experiencias pasadas y futuras, problemas existenciales, de hecho no fue programada por el yo. No pocas veces pensamos cosas absurdas sin ninguna relación con lo que estamos haciendo o con el lugar en que estamos.

Si no fue la voluntad consciente del yo quien las produjo, ¿entonces quién? Fue un fenómeno que denomino *autoflujo*.

Como su propio nombre lo indica, el fenómeno del autoflujo es el responsable de producir un flujo de pensamientos y emociones durante toda la historia de la vida humana, de la niñez a la vejez, de la vigilia al sueño. Produce miles de lecturas en la memoria, muchas veces aleatoriamente. ¿Cuál es el objetivo? Hay varios, y no hay espacio para explorarlos en este libro. Quiero sólo resaltar un objetivo: la producción de la más excelente fuente de entretenimiento natural de la especie humana.

¿Sabías que la mayor fuente de entretenimiento no es la televisión, la literatura, el deporte, el sexo o cualquier otra actividad humana? El mundo cambió, la tecnología llamó a nuestras puertas, los dispositivos de comunicación invadieron nuestras salas, dormitorios y oficinas, pero la mayor fuente de entretenimiento continúa intocable, inmutable: es el mundo de las ideas producido por el fenómeno del autoflujo. ¿Cómo pasas la mayor parte de tu tiempo? Pensando.

Gran parte de nuestras angustias, distracciones, sueños, aprensiones, expectativas, no está motivada directamente por los estímulos externos, sino por el conjunto de pensamientos que creamos diariamente.

El mundo de las ideas producido por el autoflujo es la mayor fuente de placer natural, o la mayor fuente de terror humano. Si las ideas que generamos nos estimulan a tener sueños, metas, ideas, proyectos, seguramente nos inducirán al placer, pero si son negativas, derrotistas y ligadas a enfermedades, muerte, accidentes, entonces nos inducirán a la angustia y a un estado de ánimo depresivo.

El gran problema es que si las ideas producidas por el fenómeno del autoflujo son negativas, serán registradas de manera privilegiada por el fenómeno RAM, retroalimentando así nuestras enfermedades: las fobias, el pánico, la inseguridad, las obsesiones, la compulsión por las drogas.

Si esos mecanismos de funcionamiento de la mente se les enseñaran sistemáticamente a los jóvenes, la educación daría un salto, pues proporcionaría las condiciones para intervenir en el propio mundo, en el territorio de los pensamientos y emociones.

Recuerdo que uno de mis clientes, un excelente jurista, me dijo que si hubiera comprendido esos mecanismos desde pequeño, no habría desarrollado un grave cuadro de obsesión. Diariamente producía cientos de ideas fijas ligadas al cáncer. Recreaba su velorio constantemente, aunque tenía una óptima salud. El fenómeno del autoflujo generó en él una larga historia de terror. Sin embargo, aprendió a gestionar esas ideas y a rescatar el placer de vivir. La comprensión de esos fenómenos y mecanismos psicodinámicos es muy útil para la psicoterapia y para la prevención social.

Si un joven piensa continuamente en las drogas, aunque no esté bajo sus efectos, estará expandiendo su significado inconsciente. Así, al contrario de lo que muchos piensan, incluso algunos terapeutas, la alimentación de la cárcel de las drogas no se produce sólo por los efectos que éstas pueden provocar, sino por el universo de pensamientos y emociones producido por el fenómeno del autoflujo.

Aprender a administrar las ideas negativas y a gestionar las emociones que causan tensión es otro objetivo de la terapia multifocal. En ese aspecto, y lo digo con modestia, con frecuencia la terapia multifocal va más allá de las psicoterapias convencionales. No sólo trata la enfermedad mental, sino que expande las funciones más importantes de la inteligencia del enfermo hasta llevarlo a ser un pensador, un agente modificador de su historia, un administrador de sus emociones. Actúa en los papeles de la memoria y en los fenómenos que construyen la inteligencia y definen la personalidad. Por un lado, es compleja; por el otro, susceptible de ser comprendida y fácil de aplicar.

En virtud de que la terapia multifocal actúa en la memoria y en los fenómenos que construyen las cadenas de pensamientos, no compite con otras terapias: el psicoanálisis, el psicodrama, la terapia conductual, la cognitiva. Por el contrario, las ayuda. Todas las terapias derivan de teorías que estudiaron la mente humana a partir del pensamiento ya elaborado, es decir, a partir de cimientos ya construidos. La terapia multifocal comienza con el estudio de los fundamentos de la inteligencia, esto es, de los fenómenos que leen la memoria y construyen la personalidad, y establecen el funcionamiento de la mente. Por lo tanto, aun si un terapeuta no quisiera aplicar exclusivamente la terapia multifocal, puede combinarla muy bien con su psicoterapia tradicional y abarcar los fundamentos de la terapia multifocal.

3. Reescribir la memoria: abrir las ventanas de la mente

Intenta hacer una limpieza de los rincones de tu memoria. No podrás. Esfuérzate por eliminar todo sentimiento de culpa, autocastigo, rigidez, rechazo que esté registrado en ella. No tendrás éxito. Es posible limpiar las telarañas de nuestros techos y de nuestros escritorios, pero no es posible remover la suciedad contenida en nuestras memorias. Sólo es posible reescribirlas.

Los archivos de la memoria contienen el tejido de nuestras experiencias conscientes e inconscientes. Esos archivos nunca pueden ser destruidos, a no ser involuntariamente, mediante un tumor cerebral, un traumatismo craneal o una degeneración de las células nerviosas, como en la enfermedad de Alzheimer. Destruir esos archivos significa destruir nuestra consciencia, pulverizar nuestra identidad.

Si tuviéramos la libertad de "borrar" nuestra memoria, tendríamos la ventaja de eliminar todas las miserias y todos los traumas que contiene. Tenemos esa libertad en las computadoras; podemos borrar en segundos el trabajo hecho durante años. Sin embargo, esa libertad podría causar el mayor desastre intelectual. Correríamos el riesgo de cometer un suicidio contra nuestra consciencia, contra nuestra capacidad de pensar, pues, en un momento de angustia, podríamos desear olvidar todo nuestro pasado y comenzar todo de nuevo. Eso produciría la muerte de la identidad. Ya no sabríamos quiénes somos, cómo estamos, dónde estamos. Nos transformaríamos en animales irracionales, pues ya no tendríamos la conciencia de la existencia.

El Creador dio muchas libertades a la criatura humana que creó, incluso la de negar su propia existencia, pero no le dio libertad de meterse en los archivos y borrar su memoria, pues eso conspiraría contra la propia libertad, ya que sin la memoria no podríamos generar pensamientos ni tomar decisiones. Por lo tanto, Él protegió la memoria contra los ataques del yo, contra las posibles crisis que atraviesa el ser humano. Es imposible borrar la memoria; sólo es posible reeditarla.

Si quien padece del trastorno de pánico, obsesión por la enfermedad o depresión, quiere quedar libre, debe reescribir su historia. No existen milagros en el tratamiento psicoterapéutico y psiquiátrico. Sin importar la corriente psicoterapéutica utilizada, si el tratamiento tiene éxito es porque, aunque el terapeuta no sea consciente de eso, el paciente reescribió sus conflictos, aprendió a gestionar sus pensamientos y a emplear el fenómeno del gatillo de la memoria, del ancla de la memoria, del autoflujo y el fenómeno RAM.

Recordemos: el fenómeno del gatillo de la memoria es aquel que inicia, a partir de un estímulo físico como un elogio, o psíquico, como un pensamiento, la lectura de la memoria y produce las primeras reacciones, impresiones, sensaciones, sentimientos y pensamientos. Ese fenómeno desvía el ancla de la memoria, es decir, su territorio de lectura, hacia una determinada región y, en consecuencia, confina la lectura del fenómeno del autoflujo a esa área. Así, el paciente que experimenta una crisis de pánico, una crisis compulsiva de consumir la droga u otra crisis emocional, generará ideas y emociones ligadas a la información contenida en esa zona específica de la memoria.

Para algunos, ese mecanismo puede ser difícil de entender, pero todos lo viven diariamente. ¿Cuántas veces algunos problemas nos causan tantas preocupaciones que detonan un gatillo que nos lleva a pensar continuamente en ellos? Queremos desviar el pensamiento, pero no tenemos éxito. ¿Qué sucedió? El gatillo desvió el territorio de lectura hacia un área de la memoria, y el fenómeno del autoflujo comenzó a leerla continuamente, produciendo ideas fijas sobre el problema.

Muchos no viven en la cárcel de las drogas, pero viven en la cárcel de las preocupaciones y de los pensamientos anticipatorios. Así, las personas tienen una vida intranquila, no soportan las contrariedades y experimentan intensamente los problemas que todavía no suceden. De hecho, se convierten en los peores enemigos de sí mismas.

Debemos aprender a gestionar nuestra inteligencia, a administrar la fábrica de emociones que se produce en el centro del alma, a rescatar el liderazgo del yo ante los estímulos estresantes. Así podremos reeditar los principales textos de nuestra vida.

4. El rescate del liderazgo del yo

¿Qué es el yo? El yo es la voluntad consciente. Es la conciencia de que pensamos y de que podemos administrar los pensamientos. Aquí, el yo no significa el ego de Freud, que es una parte de la estructura de la personalidad, ni el ego como vida natural de la mente humana.

En la teoría de la inteligencia multifocal, el yo es la identidad psíquica y social del ser humano. Es la consciencia que define quiénes somos, cómo estamos, dónde estamos, cuál es nuestro papel y cuáles nuestras responsabilidades y habilidades sociales. Representa el centro consciente de la personalidad, la motivación consciente del ser humano de actuar en su mundo y ser un agente modificador de su historia. Por lo tanto, al ser la identidad consciente del ser humano, el yo nunca se destruye, sólo se transforma. Lo único que puede causar la destrucción del yo es la muerte o la lesión de la memoria mediante la acción de tumores y traumatismos cerebrales, como ya mencioné.

¿Cómo puede ser el yo un agente modificador de su vida, capaz de reescribir su historia? Puede añadir continuamente nuevas experiencias a los archivos de la memoria, ya sea por la lectura de libros, la adquisición de nueva información, la creación de sueños, metas y prioridades.

¿Por qué determinadas personas nunca cambian sus características enfermizas? Porque tienen una creatividad pobre, no tienen sueños ni metas, no cuestionan sus conceptos y paradigmas, son incapaces de preguntarse por qué están vivas y de buscar un sentido más noble a su vida. Son paseantes existenciales, es decir, pasan por la vida sin nunca sumergirse en sí mismas, sin ser conscientes del espectáculo de la vida. Porque tampoco se interiorizan, no aprenden a reconocer sus errores ni a analizar su forma de ser y de reaccionar ante los eventos que las rodean. Por lo tanto, poseen un yo frágil, inseguro, inestable, temeroso, incapaz de cambiar sus rutas mentales, sociales y profesionales.

Hay personas que poseen una gran cultura, son consideradas intelectuales, pero son inmutables respecto a su orgullo, su agresividad, su impulsividad, su ansiedad. Son prisioneras e infelices, como los farmacodependientes. Éstos están controlados por la droga química, aquéllos por la droga del prejuicio y de la rigidez.

¿Cómo puede el yo acelerar el proceso de convertirse en un agente modificador de su historia? Al rescatar su liderazgo "dentro de" y "fuera" del foco de tensión. Veamos.

5. *El rescate del liderazgo del yo en el foco de tensión*

El rescate del liderazgo del yo en el foco de tensión se refiere a la gestión de las reacciones instantáneas (ansiedad, desesperación, miedo, impulsividad, etcétera) detonadas por el fenómeno del gatillo de la memoria. Si el yo tiene éxito en actuar en la tensión, no sólo dominará el foco de tensión, sino que también administrará los territorios de lectura del ancla de la memoria y, en consecuencia, reciclará los pensamientos producidos por el fenómeno del autoflujo, principalmente si éstos son fijos o negativos.

Por ejemplo, si un paciente experimenta en determinado momento un ataque de pánico, tendrá segundos para rescatar el liderazgo del yo en el foco de tensión; en caso contrario, el escenario de su mente estará invadido por pensamientos y emociones generados por el fenómeno del autoflujo, difíciles de administrar. Del mismo modo, si un paciente comienza a producir, a través del gatillo de la memoria, pensamientos negativos que incrementan el grado de la depresión, del trastorno obsesivo o del deseo compulsivo de consumir drogas, tendrá pocos segundos para actuar sobre esos pensamientos y emociones y reciclarlos.

Ante cualquier foco de tensión, esto es, ante cualquier turbulencia emocional y de pensamientos angustiantes, corresponde al yo rescatar su liderazgo y administrar, discutir, criticar, dar un nuevo significado a ese foco de tensión, silenciosamente, en el escenario de la mente; en caso contrario, el fenómeno del autoflujo dominará la inteligencia. Por ejemplo, hay personas extremadamente negativas. Cualquier problema, por pequeño que sea, detona pensamientos negativos. Si ellas no actúan sobre cada idea y reacción negativa, serán siempre víctimas de su miseria y, lo que es peor, estarán registrando de nueva cuenta esas ideas y reacciones, agregando, día a día, más ladrillos a la sepultura de su negatividad.

Recuerdo un empresario que sufría de depresión y trastorno obsesivo. Además, padecía de una gran timidez, que muchas veces era interpretada como si fuera una persona orgullosa y antisocial. Los tímidos son personas sencillas y humanas, pero manifiestan muy mal su imagen. En la terapia, procuré hacerle comprender los papeles de la memoria y rescatar el liderazgo del yo en los focos de tensión. Él dio un salto en su calidad de vida.

Si los padres y las escuelas enseñaran a los alumnos a intervenir en su mundo psíquico, tendríamos hombres y mujeres menos enfermos y más saludables.

De hecho, uno de los errores más graves de la educación familiar y escolar, así como de algunas psicoterapias, es transformar al ser humano en un espectador pasivo de su propia miseria. Las enfermedades mentales, incluida la cárcel de las drogas, se alojan en personas pasivas, quienes no tienen el valor de intervenir en los focos de tensión.

Siempre repito que el gran escollo en el tratamiento psicológico no es la enfermedad del enfermo, sino el enfermo de la enfermedad. La gran dificultad es la disposición del yo a modificar su historia y no la dimensión de su padecimiento. A veces la enfermedad no es grave, pero el enfermo es débil, pasivo, no cree en su capacidad, vive la práctica de la victimización y del autoabandono. Es difícil ayudar a ese paciente, pues es casi impenetrable.

Por otro lado, a veces la enfermedad es grave, una depresión severa o una dependencia crónica de las drogas, pero el paciente tiene una gran disposición de cambiar su historia y actuar dentro de sí mismo. Además, a pesar de asumir que está enfermo, está inconforme con su enfermedad. Exige ser saludable y reivindica en su interior el derecho a ser libre y feliz. Un paciente así, por más grave que sea su enfermedad, seguramente saldrá de su prisión. El problema no es estar enfermo, sino conformarse con estarlo.

Pido a los educadores que enseñen a sus alumnos a ser agentes modificadores de su historia, que los estimulen a enfrentar sus miedos, a discutir consigo mismos sus conflictos, como la timidez. La timidez es una fábrica de sufrimiento. Muchos jóvenes padecen una timidez patológica o enfermiza, y la educación clásica no hace nada por ellos.

Pido también a los maestros que los estimulen a organizar en el escenario de sus mentes, sin que nadie escuche, una mesa redonda en la que discutan la inseguridad, el complejo de inferioridad, el conflicto con sus padres, la agresividad, la dependencia a las drogas. Una de las cosas más saludables que una persona debería hacer, y no hace, es conversar consigo misma y analizar la basura que pasa por su mente.

No podemos esperar pasivamente a que nuestros niños y jóvenes se enfermen para después intentar tratarlos. Eso es injusto e inhumano. Las enfermedades mentales imponen un gran sufrimiento y pueden apagar el brillo de la vida.

La educación también tiene una tarea más noble que la psicología y la psiquiatría clínica. Éstas versan sobre el ser humano enfermo; aquélla, forma, o debería formar, una persona saludable.

Cuanto más eficiente sea la educación, menos espacio tendrán la psiquiatría y la psicología clínica en las sociedades modernas. Cuanto menos eficiente sea la educación, más imprescindibles serán esas ciencias en las sociedades modernas. Por desgracia, nuestros consultorios están llenos.

No hay gigantes en el territorio de la emoción. Todos somos aprendices en la escuela de la vida, seamos psiquiatras o pacientes. Si el yo aprende a intervenir, con lucidez, crítica y determinación, en los pensamientos y emociones tensos y negativos, podrá administrarlos, controlarlos y, en consecuencia, reescribirlos.

6. Las enfermedades mentales no se resuelven con un golpe de bisturí

Los pacientes que son médicos cirujanos suelen tener una dificultad extra en la terapia que los otros pacientes. ¿Por qué? Porque a pesar de ser cultos, están acostumbrados a resolver todo con un bisturí. Retiran un tumor, un cálculo renal, una úlcera y en poco tiempo suturan al enfermo. Sin embargo, de nada sirve usar un bisturí en el campo de la energía mental. No es posible reorganizar, con un acto de magia, la depresión, las fobias, la irritabilidad.

Hay veces en que después de algunas sesiones de terapia, el paciente presenta mejoras significativas de su cuadro depresivo y ansioso. No obstante, yo los preparo para posibles recaídas.

Las recaídas suceden, incluso en el caso de la cárcel de la dependencia, porque hay archivos enfermizos que están presentes en la memoria y no fueron reescritos. Cuando el paciente experimenta un foco de tensión, el fenómeno del gatillo de la memoria produce de inmediato reacciones emocionales que desvían el ancla de la memoria hacia esos archivos enfermizos. En ese momento, el paciente sufre una recaída. También entra en acción el fenómeno del autoflujo, que comienza a leer continuamente la información contenida en ese territorio, retroalimentando las enfermedades mentales. En el caso de las depresiones y de los trastornos ansiosos, el fenómeno del autoflujo generará cadenas de pensamientos negativos, fóbicos, tensos, que, cuando quedan registrados, propiciarán la perpetuación de esas cadenas.

Lo mismo sucede con las drogas. Los adictos albergan un "monstruo" en el inconsciente que a veces se duerme, pero que todavía no ha sido exterminado. Las experiencias sobre las drogas ocupan áreas importantes de la memoria. El paciente puede estar bien, sin consumir drogas por semanas o meses. Entonces, de repente, ante un foco de tensión que puede ser una pérdida, una depresión, una ofensa, un ofrecimiento de droga e incluso una imagen de una persona consumiéndola, el gatillo de la memoria se detona y genera un deseo por consumirlas.

Es posible que el adicto se mantenga firme y determinado a no consumirla. Sin embargo, el gatillo de la memoria no sólo generó cadenas de pensamientos sobre las drogas y el deseo de consumirlas, sino que también desvió el ancla hacia áreas críticas de la memoria, donde están archivadas miles de experiencias sobre ellas.

Si el paciente no rescata el liderazgo del yo en ese foco de tensión, si no administra sus pensamientos y emociones en esa situación, será dominado por el deseo compulsivo y buscará consumir. Si rescata el liderazgo del yo, saldrá victorioso. No sólo superará el foco de tensión y vencerá el deseo compulsivo por las drogas, sino que también reescribirá su historia inconsciente, pues la experiencia de superación que ha tenido quedará registrada en la memoria. Así, vencerá otra batalla, reescribirá otro capítulo de su vida.

Si recae, debe tener cuidado, pues el fenómeno del autoflujo seguirá produciendo cada vez más pensamientos y emociones que le harán gravitar en torno a la droga. Todas esas experiencias quedarán registradas, acrecentando así la imagen de la droga en el inconsciente. Sin embargo, si recae y rescata enseguida el liderazgo el yo, critica su recaída con lucidez, reagrupa sus energías y no se deja estrangular por el sentimiento de culpa, la baja autoestima y el sentimiento de autoabandono, entonces la recaída podrá hacerlo más fuerte. Pero los terapeutas rara vez conocen esos mecanismos.

En el tratamiento del consultorio y no de internación, nosotros, aunque le pidamos al paciente abstención absoluta de las drogas, debemos abrir una ventana de fondo y prepararlo para una posible derrota temporal. Pero difícilmente un terapeuta abre esa ventana. Eso ocurre no sólo porque desconocen el funcionamiento de la mente, sino porque tienen un miedo ingenuo de que esa preparación pueda estimular la recaída. Por eso, cuando ésta ocurre, es extremadamente destructiva, pues genera un sentimiento de derrota y de culpa insoportables, que conducen al paciente a hundirse de nuevo en los pantanos de la cárcel de la dependencia.

También debemos preparar a los pacientes con depresión, síndrome del pánico y trastornos obsesivos para posibles recaídas. Tenemos la responsabilidad de volverlos más fuertes después de una recaída. En caso contrario, cuando ésta ocurra, ellos abandonarán el tratamiento y serán víctimas de la fábrica de pensamientos negativos y de emociones angustiantes producidas por el fenómeno del autoflujo. Recaer, pero levantarse rápido es volverse más fuerte; esto debería ser un lema de vida de todos aquellos que quieren estar libres de la peor prisión del mundo.

Es mucho mejor no recaer, pues una recaída siempre retroalimenta las imágenes enfermizas en el inconsciente de la memoria. Pero es peor no saber qué hacer con una recaída. Si el sentimiento de culpa, de autoabandono y de baja autoestima ocupan el escenario de la mente de un paciente, entonces su recaída será prolongada, traerá grandes sufrimientos y retroalimentará el trastorno mental o la dependencia.

El objetivo de la terapia multifocal es que el paciente continúe el proceso psicoterapéutico en los territorios donde vive y actúa. Es un gran engaño hacer que los pacientes sólo se traten cuando están ante un terapeuta, sea un psiquiatra, psicólogo o profesional de la salud, o incluso cuando están internados. Deben seguir el tratamiento en los sinuosos territorios de la vida.

Nunca seremos plenamente líderes de nosotros mismos, nunca controlaremos todos nuestros pensamientos y emociones, pero eso no quiere decir que nuestras mentes sean un barco que navega al capricho del viento. Podemos no controlar muchas variables que desestabilizan las olas de nuestras emociones, pero podemos tomar el timón de la inteligencia y alcanzar nuestros objetivos.

7. El rescate del liderazgo del yo fuera del foco de tensión: reescribir la historia

Los pacientes dependientes necesitan aprender no sólo a rescatar el liderazgo del yo en los focos de tensión, sino también fuera de ellos. ¿Por qué? Porque es insuficiente que el yo actúe sólo cuando se detona el gatillo del deseo compulsivo de consumir drogas. Es necesario también que reescriba su historia fuera de los focos de tensión, es decir, cuando el ambiente emocional está tranquilo, para poder acelerar la reorganización de los archivos. Quien actúa con eficiencia en esta fase, tiene más posibilidades de liberarse rápidamente de la cárcel de la emoción. Quienes esperan a estar bajo un foco de tensión para actuar dentro de sí mismos, se liberan más lentamente.

¿Cómo hacerlo? Imagina la memoria como si fuera una inmensa ciudad. En ella hay varios barrios, con distintas calles, con varias direcciones residenciales. Cada una de esas residencias es como si fuera una experiencia existencial. Existen casas simples, que simbolizan experiencias de poca emoción. Sin embargo, hay otras casas inmensas, verdaderos palacios, que simbolizan experiencias de intensas emociones.

Entre esas experiencias importantes están las producidas por las drogas. No es fácil reescribirlas, pues no sabemos dónde están registradas en la corteza cerebral. No sabemos ni siquiera si están archivadas y cuáles son las conexiones y proximidad que poseen con las experiencias saludables. Ante eso, repito la pregunta: ¿cómo reescribirlas y cómo acelerar el proceso? ¿Cómo rescatar el liderazgo del yo fuera del foco de tensión, esto es, cuando todo está en calma?

No basta con sólo hacer terapia y comprender las causas conscientes de la enfermedad. También es insuficiente sólo rescatar el liderazgo del yo cuando se detona el gatillo de la compulsión. Es preciso alcanzar otros brazos de la terapia multifocal. No sabemos cuál es el *locus* de esas experiencias ni cómo eliminarlas. Entonces nos resta la alternativa de construir ideas saludables, creativas y críticas, decenas de veces, tanto a favor de la vida como en contra de la dependencia a las drogas, así como contra la debilidad y la pasividad del yo.

Tanto los usuarios de drogas como los portadores de otras enfermedades necesitan hacer, en el silencio de su mente, una mesa redonda para discutir sus actitudes irreflexivas, sus incoherencias, su dificultad para lidiar con las frustraciones, para superar sus dolores. Ésa es la técnica del rescate del liderazgo del yo fuera de los focos de tensión. Cada nuevo pensamiento crítico, regado por la reflexión y la sabiduría, está registrándose continuamente, reescribiendo la historia inconsciente y desorganizando la cárcel de las drogas, de la claustrofobia, de la cleptomanía, del trastorno de pánico y de los trastornos depresivos.

Reescribir la historia inconsciente a través del rescate del liderazgo del yo fuera de los focos de tensión es un brindis por la libertad. Es necesario aplicar esa técnica todos los días, de lunes a lunes, por cerca de uno o dos años. Es preciso hacerlo con honestidad, inteligencia y espontaneidad, dentro de los límites de la creatividad de cada uno, como si el paciente fuera un ingeniero de ideas.

Actuar "en los focos de tensión" produce el alivio inmediato y actuar en los archivos que están fuera de los focos de tensión reorganiza la historia y desarrolla las raíces de la salud mental.

Los pacientes que están internados deben hacer un inventario de sus experiencias, todos los días. Si es posible, reconstruir las más importantes, como sus recaídas, los momentos de influencia de los amigos, los momentos de soledad, los dolores que no superaron y los efectos de las drogas en cada una de esas situaciones. Deben darles un nuevo significado para que puedan reescribirlas. Ese procedimiento, asociado con las técnicas psicoterapéuticas, da profundidad al tratamiento y lo acelera.

Es indispensable irrigar a nuestros pacientes con esperanza. Es preciso hacerlos más fuertes, audaces y determinados, incluso después de posibles recaídas. Es necesario hacerles comprender cuán necesario es contemplar las enfermedades como si fueran un libro con muchos capítulos o una guerra con muchas batallas.

Un capítulo con escenas dramáticas no significa que el libro no tenga un final feliz. Ni la pérdida de algunas batallas quiere decir que se perdió la guerra. Renunciar nunca, perseverar siempre.

8. Pasos estratégicos para el tratamiento con la terapia multifocal

Se pueden utilizar estos pasos como metas en cualquier tipo de entrenamiento y psicoterapia. Cada paso debe ser vivido semanalmente como una meta a ser alcanzada. Debe ser pensado, reflexionado y proclamado en el silencio de la mente, decenas de veces por día, con inteligencia y creatividad. Éstos complementan los pasos clásicos de los AA (Alcohólicos Anónimos).

1) Declaro que la libertad y el placer de vivir son mis derechos, independientemente de las turbulencias de la vida que estoy atravesando. No necesito el efecto de las drogas para ser libre y feliz.

2) Soy consciente de que la dependencia y la mentira son amigos íntimos. Declaro que quedo libre tanto de la dependencia como de la mentira. Así como el Maestro de maestros, Jesucristo, declaró con autenticidad que su alma estaba angustiada antes de morir, yo también decido hablar con sinceridad de mis sentimientos y deseos. Viviré el arte de la autenticidad.

3) Reconozco mi enfermedad, pero decido con convicción que no quiero ser un enfermo (farmacodependiente, deprimido, obsesivo, etcétera).

4) Enfrento sin miedo mis dolores emocionales (ansiedad, angustia, frustración, depresión) y los trabajo con dignidad y sabiduría, pensando antes de reaccionar.

5) Soy consciente de que, siendo dependiente, mi problema ya no es sólo la droga fuera de mí, sino la imagen de ella registrada en mi memoria, en mi inconsciente. Por lo tanto, reescribo mi memoria a cada momento con ideas saludables e inteligentes.

6) Examino todas las ideas y pensamientos negativos que pueblan el escenario de mi mente y que me desaniman para reconstruir una nueva vida. Transformo mis inviernos en bellas primaveras.

7) Rescato el liderazgo del yo en los focos de tensión generados por mis pérdidas, dificultades y frustraciones y, en consecuencia, controlo el gatillo de la memoria que produce la ansiedad, la depresión y la compulsión por las drogas.

8) Nunca renunciaré a mí mismo. Determino la abstención completa de las drogas, incluyendo el alcohol. Sin embargo, si recaigo, redoblaré mi ánimo y recomenzaré de inmediato mi tratamiento, y no me ahogaré en el sentimiento de culpa y de autoabandono.

9) Puedo perder algunas batallas, pero no pierdo la guerra contra mi enfermedad mental. Supero todo fracaso, angustia y desmotivación. Construyo un oasis en cada desierto que atravieso.

10) Tengo la plena convicción de que el Autor de la existencia, Dios, me creó para ser libre, alegre y saludable. Por eso yo lo amo con toda mi alma.

Capítulo 10

El sentido de la vida

Valorar la vida es la gran prueba de sabiduría

*L*a vida humana es un misterio insondable. El solo hecho de estar escribiendo estas palabras, poniendo en ellas mis sentimientos y pensamientos, y de que ustedes, lectores, en algún lugar, las estén leyendo y transmitiéndolas a su corteza cerebral para, en milésimas de segundo, revisarlas en los complejos archivos de la memoria y producir reacciones y emociones que son suyas y no mías, expresa un profundo y complejo misterio, privilegio de la maravillosa vida que poseemos.

Cuando me detengo a observar a las personas que me rodean, con sus palabras, expresiones, reacciones, comportamientos y actitudes, simplemente me quedo admirado por la complejidad de nuestro psiquismo. ¿Ustedes no creen que pensar es una experiencia fantástica? ¿Que el hecho de que poseamos sentimientos de alegría, paz, amor e incluso angustia, ansiedad y culpa es un misterio incalculable? Y que el hecho de que un universo de impulsos y deseos surja instantáneamente en el escenario de nuestras inteligencias, ¿no es muestra también de un gran misterio?

Quien no puede quedar sorprendido, atónito con la mente humana, está entorpecido, no por las drogas químicas, sino por el estrés, la ansiedad, las preocupaciones y dificultades sociales y financieras.

Quien no puede quedar, como decían los griegos, asombrado con los fenómenos que están frente a sus ojos, nunca podrá aprender algo de ellos.

Aliento a los lectores a dejar de lado momentáneamente sus problemas, preocupaciones, necesidades, e incluso sus angustias y vacíos existenciales, y a colocarse ante un ser humano, aunque sea un niño recién nacido, o una persona anciana en la fase final de su historia de vida. Pasen tiempo observando, contemplando a las personas. Si lo hacen, será imposible no vislumbrar cómo la vida que poseemos, independientemente de las dificultades, es encantadora y misteriosa.

Sin embargo, a pesar de que la vida humana posee un valor inestimable, la mayoría de nosotros la vive de manera superficial e insignificante. Tan superficial, que la fina capa de piel que cubre nuestro cuerpo ha servido de parámetro para discriminar a los seres humanos cuyo color de piel es distinto. Tan insignificante, que vivimos casi exclusivamente en función de "tener" y no de "ser", es decir, en función de tener dinero, éxito social, un buen auto, andar al último grito de la moda, pero no en función de ser alegres, tranquilos, coherentes, tolerantes.

¿Cuál es el resultado de esa trayectoria vacía? La farmacodependencia, los síntomas psicosomáticos, la soledad, la violencia. En lo que respecta a la violencia y a las violaciones de los derechos humanos, la crisis es dramática. Y podemos constatar, con pesar, que un código de leyes que establece los límites de los derechos y deberes de los ciudadanos en una sociedad, es insuficiente para controlarlos; se requiere para eso la presencia impositiva de un batallón de policías para garantizar el cumplimiento de esas leyes. Y como eso sigue siendo insuficiente, las sociedades necesitan un gran número de cárceles para castigar a quienes acaban infringiendo las leyes. El ser humano pensante es capaz de ser más violento que los animales irracionales.

1. La vida y la sabiduría

La ciencia se ha desarrollado mucho en nuestros días, pero no elevó el patrón de la vida humana, no produjo hombres y mujeres maduros y experimentados. Una persona puede poseer mucho conocimiento científico, tener títulos académicos, pero, aun así, podrá ser infantil, inmadura en su experiencia de vida, sin saber soportar ni crecer ante sus frustraciones.

La psicología le es muy útil a los seres humanos, pero, incluso con las teorías y técnicas actuales, no tiene la capacidad de financiar la madurez de la mente, a fin de que la emoción sea contemplativa y esté bien resuelta, los comportamientos sean mesurados y sobrios y los deseos sean gobernados con serenidad. Tales características dependen mucho del proceso de formación individual de la personalidad, principalmente de la manera íntima y particular de trabajar las frustraciones, fracasos y dolores, y el desarrollo de metas, sueños y prioridades.

La ciencia tiene paradojas impresionantes. A través de la medicina evolucionó mucho como intento de aliviar el dolor y prolongar la existencia; sin embargo, también evolucionó hacia la ingeniería bélica, armamentista, como un intento aborrecible de destruir la vida humana de la manera más rápida y eficaz posible. ¡Qué contraste! Nos convertimos en gigantes en la ciencia, pero niños en el procedimiento.

Nunca deberíamos sentir vergüenza de los demás, nunca deberíamos abandonar a las personas. Un padre jamás debe renunciar a su hijo, aunque éste sea un rebelde y padezca una grave farmacodependencia, pues por graves que sean sus errores, sigue siendo un ser humano. La sociedad puede rechazarlo y discriminarlo al máximo, pero debemos extenderle nuestras manos, aunque él las aparte. Si él rechaza nuestra ayuda, debemos usar toda nuestra habilidad para crear un nuevo ambiente en la relación social y familiar y, así, despertar su interés por la vida.

Si esta persona rechaza cualquier ayuda, debemos proponer la internación. Y, si sigue negándose, no hay nada más que hacer sino esperar. Los padres que descubren el camino de Dios y de la oración encuentran, en esta angustiante jornada, algo que la psiquiatría y la psicología jamás podrán ofrecer. Encuentran fuerza en la debilidad y paz en el caos.

Imponer una internación o cualquier tipo de ayuda no resuelve nada. Debemos esperar. Esperar no significa renunciar, sino aguardar hasta que la persona dependiente la busque. Repito, no debemos imponer nuestra ayuda, pero siempre ponerla a disposición con amabilidad y dignidad. Los padres no deben vivir en función de la persona que se droga, pero deben darle tantas oportunidades como sea necesario. Amarla incondicionalmente no significa ser permisivo. Es necesario poner límites a sus comportamientos, tales como controlar sus gastos y no permitir agresiones en el ambiente familiar.

Debemos elogiar mucho más que criticar. Si eso es válido para cualquier tipo de persona, imagina cuán válido será para una persona que está en la cárcel de la dependencia. El elogio abre ventanas de la memoria y hace que nuestra ayuda e incluso nuestra crítica tengan un impacto saludable. Si no podemos elogiar a una persona, tampoco debemos criticarla, pues, en ese caso, la crítica funciona como un puñal que hiere la emoción y obstaculiza la inteligencia.

El elogio construye nuevas vías en la relación. La persona víctima de la farmacodependencia ya está cansada de ser criticada y de saber que está equivocada. Las críticas sólo sirven para fertilizar su miseria y su soledad.

Debemos aprender a crear nuevos canales de comunicación con esa persona. En ese sentido, la sabiduría del Maestro de Nazaret es alentadora. Cristo creó canales de comunicación enriquecedores con sus seres cercanos. Llegó hasta las raíces más íntimas de la soledad. Construyó una relación abierta, ricamente afectiva, sin prejuicios. Valoró elementos que el poder económico no puede comprar, alimentos que están en el núcleo de las aspiraciones del espíritu humano, en la médula de los pensamientos y de las emociones.

El Maestro reorganizó el proceso de construcción de las relaciones humanas entre sus discípulos. Las relaciones interpersonales dejaron de ser un teatro superficial para basarse en un ambiente de amor poético, impregnado de solidaridad, de búsqueda de la ayuda mutua, de diálogo abierto.

Los jóvenes pescadores que siguieron al Maestro galileo, que eran tan limitados culturalmente y con un mundo intelectual tan pequeño, desarrollaron el arte de pensar, conocieron los caminos de la tolerancia, aprendieron a ser fieles a su consciencia, se vacunaron contra la competencia predatoria, en fin, desarrollaron las funciones más importantes de la inteligencia.

La sabiduría del Maestro de Nazaret no tiene precedente histórico. Él lograba penetrar en el dolor de cada ser humano y comprender sus sentimientos más reprimidos. Consiguió hablar al corazón de las personas más rígidas y despreciadas, y escuchar las palabras que no decían. Estar a su lado era relajante y agradable. Sabía de los errores de las personas, pero no las acusaba ni las excluía. Era tan agradable y cautivador que incluso sus más ardientes opositores no se apartaban de Él, porque disfrutaban escucharlo.

2. Caminando por las sendas de nuestro propio ser

No es posible tener una vida social y emocional saludable sin aprender a interiorizarnos, a conocernos más íntimamente y a desarrollar la capacidad de autocrítica y reflexión sobre lo que somos y cómo reaccionamos ante nuestras fantasías y las circunstancias externas.

La búsqueda de interiorización no debería ser un caso excepcional, que surge solamente cuando la mente está enferma y entonces se busca la ayuda de un profesional del área de la psiquiatría y la psicología. Esa búsqueda debería ser algo rutinario en nuestras experiencias de vida. Debería ser estimulada por los padres y por la escuela, desde que los niños son pequeños.

No es posible producir hombres y mujeres maduros, que sepan conducirse, si no aprenden la autocrítica, a pensar antes de reaccionar, a establecer límites para sus comportamientos y, principalmente, si no aprenden a desarrollar la sabiduría.

Ante esto, mi conclusión es que la problemática de las drogas no tiene como principal culpable la sustancia química, sino la persona que las usa, junto con el proceso educacional en el que esa persona formó su personalidad. Revertir ese cuadro es nuestro gran desafío. La mejor manera de destruir la libertad es querer vivirla sin límites.

3. Una especie desconectada de la naturaleza

Existe otra actitud que ha generado muchos desórdenes psicosociales en las sociedades modernas: la desconexión, cada vez más profunda, de la especie humana con la naturaleza.

El ser humano tiene mucho que aprender del comportamiento de las especies que habitan los ecosistemas. Por ejemplo, a veces los pájaros, durante la madrugada, sufren intensas agresiones del medio ambiente: frío intenso, vientos impetuosos, lluvias torrenciales, etcétera. Tienen todos los motivos para despertar silenciosos, angustiados. Pero, en cambio, cantan, se regocijan, alegran las mañanas con sus trinos maravillosos.

Muchas veces, nosotros reaccionamos en forma distinta. Nos ponemos ansiosos y deprimidos ante los obstáculos que la vida nos impone o que creamos en nuestra propia mente. Algunas personas entran en un proceso depresivo tan dramático que no es raro que tengan ideas suicidas.

Somos la única especie inteligente de la naturaleza, pero no la más feliz. Somos la única que tiene consciencia de que piensa y que puede gestionar la construcción de las ideas, pero, paradójicamente, tenemos poca habilidad para administrar los focos de tensión, y poca consciencia de los dolores y necesidades ajenos. Las facultades de psicología se multiplican, pero el ser humano moderno no es más sabio ni solidario que su congénere de los siglos pasados; al contrario, la crisis del diálogo, el individualismo y la competencia predatoria se han diseminado como nunca.

La gracia, la habilidad y el encanto de los colores, de los movimientos, de las interacciones y de los mecanismos de supervivencia de las especies en los ecosistemas deberían ser una fuente saludable, y hasta cierto punto insustituible, para que los niños se diviertan, se eduquen y aprendan a valorar su vida. Pero no lo son.

Claro que estas especies actúan instintivamente, y nosotros actuamos conforme a nuestra intelectualidad, por la capacidad que tenemos de elaborar razonamientos y reflexiones. Sólo que usamos nuestras inteligencias en forma unifocal y no multifocal.

La especie humana es la única que mata por el placer de matar, sin ninguna necesidad; que se aprisiona, aunque ame desesperadamente la libertad; que se droga, aunque deteste la cárcel de la emoción. Es la única especie cuyos miembros pueden perder el placer de vivir y renunciar a su propia vida.

¿Hacia dónde caminamos? ¿Qué tipo de futuro se abre en este tercer milenio para esta especie que posee la racionalidad, pero que no honra el arte de pensar? Todos somos responsables individualmente por el destino de nuestra vida.

Sería bueno que aprendiéramos a navegar dentro de nosotros mismos y revisáramos nuestra trayectoria existencial. Las drogas y los trastornos depresivos y ansiosos son sólo la punta del iceberg de los inmensos problemas que hemos cultivado por no haber aprendido a darle un sentido más noble a nuestra vida. Podemos no ser víctimas de una droga química, pero sin duda somos víctimas de la droga de la rigidez intelectual, de los trastornos depresivos, de la ansiedad, del estrés.

Los niños han crecido de la mano de los videojuegos, de las películas agresivas de la televisión, etcétera, y por eso han perdido el romance por la vida. Es preciso rescatar ese romance, recuperar la nobleza del sentido de la vida.

4. Perdemos nuestra identidad como seres humanos

Somos prolíficos para comentar sobre el mundo en el que vivimos, pero enmudecemos ante el mundo que somos. Por eso vivimos la paradoja de la soledad. Trabajamos y convivimos con multitudes, pero al mismo tiempo estamos aislados dentro de nosotros mismos.

Los psiquiatras y los psicoterapeutas han tratado no sólo las enfermedades mentales, tales como depresión y trastorno de pánico, sino también una importante enfermedad psicosocial: la soledad. Sin embargo, no existe una técnica psicoterapéutica que resuelva la soledad. No hay antidepresivos ni tranquilizantes que alivien su dolor.

Un psiquiatra y un psicoterapeuta pueden escuchar íntimamente a un cliente, pero la vida no transcurre dentro de los consultorios terapéuticos. El escenario de la existencia transcurre allá afuera. Es en el árido terreno de las relaciones sociales donde debe tratarse la soledad. Allá afuera es donde el ser humano debe construir canales seguros para hablar de sí mismo. Hablar sin prejuicios, sin miedo. Hablar sin necesidad de ostentar lo que se posee. Hablar demostrando sólo aquello que uno es.

¿Qué somos nosotros? Mucho más que una cuenta bancaria, un título académico, un estatus social; somos lo que siempre fuimos: seres humanos. Las raíces de la soledad comienzan a tratarse cuando aprendemos a ser sólo seres humanos.

El diálogo está muriendo en todos los niveles de las relaciones humanas. La relación médico-paciente, maestro-alumno, directivo-empleado, padre-hijo, marido-esposa carece de interacción y profundidad. Hablar de uno mismo es cooperar mutuamente. Y es difícil tener éxito en esas áreas. Es necesario que aprendamos a retirar nuestros maquillajes sociales, pero, lamentablemente, la gran mayoría prefiere esconderse: quedarse conectado a la televisión, a las computadoras o navegar por internet.

Como psiquiatra y psicoterapeuta, he ayudado a diversas personas de las condiciones socioeconómicas más diferentes y de varias nacionalidades. Me di cuenta de que, aunque nos guste clasificarnos y medirnos por lo que tenemos, todos poseemos una sed intrínseca de encontrar nuestras raíces como seres humanos. Los placeres más enriquecedores de la existencia, como la tranquilidad, la amistad, la alegría de vivir, el diálogo, la contemplación de lo bello, se conquistan por lo que somos y no por lo que tenemos. Infeliz es quien sólo puede tener gente a su alrededor por lo que tiene y no por lo que es.

La fábrica de la fama y de la jerarquía social es psicológicamente enfermiza. El actor más prestigiado de Hollywood tiene, o debería tener, tanta dignidad como un habitante de las favelas de Río de Janeiro. El hombre más rico del mundo, clasificado por la revista *Forbes*, así como el más miserable de los africanos, poseen los mismos fenómenos inconscientes que financian gratuitamente la construcción de la inteligencia. Nos gusta ser diferentes y estar por encima de los demás, pero en el fondo de nuestra alma somos más iguales de lo que imaginamos.

Quien logra percibir que por encima de nuestras cuentas bancarias, del estatus social, de la cultura, somos simplemente seres humanos, está abriendo una ventana para ver la vida desde otra perspectiva. Aunque estemos enfermos, angustiados, deprimidos, tensos, ansiosos y encarcelados en el territorio de la emoción, nunca deberíamos olvidar que nada en este mundo puede quitarle la dignidad a un ser humano, que es único e insustituible. Cada persona que se siente disminuida, empequeñecida, incapacitada, agota su motivación de vivir, destruye su capacidad de superación y se abandona a sí misma en la trayectoria existencial.

5. Más bellos después del caos

Con frecuencia hacemos de nuestras emociones un bote de basura. Nos dejamos invadir por las ofensas, rechazos y frustraciones causados por los demás. No sufrimos sólo por lo que otros nos causan, sino también por lo que nos hacemos a nosotros mismos. A veces nos convertimos en nuestro mayor verdugo. Por desgracia, no tenemos protección emocional y sufrimos un impacto muy grande ante la menor contrariedad. ¡Cuántas veces nos autocastigamos y somos implacables con nuestros propios errores! ¿Por qué no admitimos nuestras fallas?

La farmacodependencia es una enfermedad grave; un padecimiento que no sólo es provocado por los efectos de las drogas en la mente, sino por la pasividad del yo. Encarcela la emoción y aprisiona la libertad de pensar, principalmente en los focos de tensión. Como dije, muchos usuarios de drogas desperdician etapas en sus vidas. Viven tantas angustias, ansiedades, éxtasis, sentimientos de pérdida y momentos de desesperación que, en tres o cuatro años de dependencia, acumulan experiencias que muchas personas de ochenta años jamás habrían acumulado.

Se vuelven "viejos" en cuerpos jóvenes. Restringen el placer por los pequeños estímulos de la vida, y sólo logran excitar su emoción ante grandes aventuras. Al relatarle esos mecanismos psicológicos a uno de mis pacientes, se conmovió, y con los ojos llenos de lágrimas confirmó que se siente emocionalmente viejo, desgastado y sin motivación. Se siente un viejo, aunque tenga veintidós años. A pesar de ser un brillante estudiante de medicina, la cárcel de las drogas ha destruido su autoestima y su esperanza.

Uno de los mayores riesgos de quien busca grandes emociones es psicoadaptarse a los pequeños acontecimientos de la rutina diaria y dejar de sentir placer con ellos, tales como la sonrisa de un niño, el colorido de una flor, el diálogo relajado. Quien busca desesperadamente sólo las grandes emociones no puede sentir placer con las delicadas brisas que acarician el rostro.

Es necesario observar las pequeñas cosas para sentir placer con las grandes. Los usuarios de drogas tienen que resolver no sólo el "dinosaurio" inconsciente de la dependencia, sino también revisar su capacidad de sentir placer, reaprender a vivir, reconstruir sus sueños, rehacer sus relaciones sociales.

Es totalmente posible rescatar la salud mental y resolver la farmacodependencia, pero no es un camino tan fácil. El problema no es reconocer al dinosaurio de la dependencia, sino reeditarlo, reescribirlo en los recovecos de la memoria. El paciente debe cooperar mucho, necesita entrar en un emprendimiento terapéutico y decidir resueltamente que quiere ser saludable, cueste lo que cueste, sufra lo que sufra.

Si alguien le da la espalda a la enfermedad mental que aprisiona su emoción, sea depresión, trastorno de pánico o farmacodependencia, ésta se transformará en un monstruo indestructible; pero si la enfrenta con valor, rescatando el liderazgo del yo, seguramente se convertirá en una página pasada de su historia.

No debemos tener miedo de nuestras enfermedades y dificultades. El miedo transforma al "yo" en un espectador pasivo de nuestras miserias. Es preciso examinar el miedo, no tener miedo del miedo, viajar dentro de nosotros mismos y convertirnos en agentes modificadores de nuestras vidas.

No podemos olvidar que cuando alguien resuelve su miseria mental acaba siendo más atractivo, interesante, experimentado, afectivo y humano. El resultado es abrumador. Cuando se ha resuelto, la enfermedad mental no se vuelve un objeto de vergüenza, sino el cimiento de la sabiduría.

Quienes atraviesan el caos de la depresión, del trastorno de pánico, de los trastornos obsesivos y logran superarlo, se vuelven realmente más bellos por dentro, más sabios y capaces de ayudar a sus semejantes.

Del mismo modo, quienes pasaron por el caos de la farmacodependencia, incluyendo el alcoholismo, y reescribieron su historia, izaron la bandera de la libertad en el territorio de la emoción. Se volvieron más ricos, afectivos y socialmente solidarios. Pero, por desgracia, la mayoría se queda en el camino, destruye literalmente la más cara de todas las libertades: la libertad de pensar y de sentir. Ser libre y feliz, a pesar de nuestras turbulencias, no debería ser parte de un argot psicológico, sino el destino de todo ser humano.

6. El Maestro de la escuela de la vida nunca renunció a la vida ni a las personas

Como investigador de la psicología, he estudiado exhaustivamente la humanidad de Cristo. En el pasado, creía que Él era fruto de la imaginación y de la cultura humanas. Pero analizando detalladamente los comportamientos, reacciones y actitudes del Maestro de Nazaret contenidos en los textos de los Evangelios, me di cuenta de que ningún escritor podría idealizar a un personaje como Él. El resultado de ese estudio psicológico, que no teológico, se publicó en la colección de libros *Análisis de la inteligencia de Cristo*.

Estudiar la complejidad de su inteligencia, sus focos de tensión y sus mecanismos de superación puede ayudarnos mucho a superar nuestras propias tribulaciones y dar un nuevo sentido a nuestras vidas. Por eso, para finalizar este libro, me gustaría hacer un breve comentario sobre algunos aspectos de su personalidad.

Cristo tuvo un nacimiento poco digno y una historia de turbulencias y aflicciones. Nació entre los animales. Al abrigo de un establo derramó sus primeras lágrimas. Respiró por primera vez con sus pequeños pulmones el aire saturado del olor ácido del estiércol fermentado. Probablemente, hasta los niños más pobres tienen un nacimiento más digno que Él.

Cuando tenía dos años, debería haber estado jugando, pero ya atravesaba por grandes sufrimientos. Era perseguido a muerte por Herodes. Tenía una inteligencia poco común para un adolescente, y fue admirado a los doce años por intelectuales de la época. Sin embargo, se convirtió en carpintero. Las manos callosas y el rostro castigado por el sol ocultaban la más elevada sabiduría que alguien ha tenido. Habló sobre el amor, la tolerancia y el respeto humano como ningún otro pensador. Aunque acogiera a las personas más despreciadas de la sociedad y sus discursos exhalaran aromas de paz, fue el más discriminado e incomprendido de los hombres.

Tenía, por lo tanto, todos los motivos para ser una persona tensa, ansiosa, irritada e infeliz, pero, para nuestro asombro, era una persona alegre y tranquila. Se presentó como una fuente de placer, una fuente de agua viva que saciaba la sed del alma humana. ¿Quién, en el desierto más ardiente logró, como Él, hacer de su vida un oasis inagotable que saciaba la sed de los sedientos?

Por increíble que parezca, Él hacía poesía incluso de su miseria. Muchos tienen buenos motivos para ser alegres, pero están siempre insatisfechos. Son incapaces de valorar lo que tienen, sólo aprecian lo que no tienen. Se vuelven especialistas en acusar a los demás por sus conflictos y detestan la vida que poseen.

Jesús, al contrario, tenía muy poco exteriormente, pero hacía mucho de ese poco. No había en él ni sombra de insatisfacción. Quejarse no era parte del diccionario de su vida. Nunca culpaba a nadie por sus miserias. Era fuerte para enfrentar sus desafíos sin tener que herir ni agredir a nadie.

Los hombres podían renunciar a Él, pero Él nunca renunciaba a nadie. Era consciente de que lo herirían sin piedad, pero Él no se suicidaría. Había predicho que lo humillarían, le escupirían en el rostro y lo convertirían en un espectáculo público de vergüenza y dolor, pero Él permanecería de pie, firme, mirando directamente a los ojos a sus acusadores y soportando su dolor con dignidad.

La única manera de erradicarlo de la tierra de los vivos era matarlo, extraerle cada gota de sangre. Él demostró que incluso ante el caos vale la pena vivir la vida. Jesucristo fue el Maestro de la sensibilidad.

La historia del Maestro de Galilea debe enseñarnos importantes lecciones de vida. Podemos llorar y angustiarnos por nuestras dificultades y conflictos, pero nunca debemos renunciar a nosotros mismos. Podemos abatirnos, pero nunca desanimarnos. Debemos amar la perseverancia como quien ama a su mejor amigo.

La capacidad de recomenzar todo, las veces que sean necesarias, hace fuertes a los débiles. La firme convicción de seguir luchando siempre, aunque con algunas derrotas, alimenta el sueño de la victoria. Inconformarnos con nuestras enfermedades y nuestras miserias es el primer paso para ser saludables. Enfrentar nuestra pasividad y nuestro sentimiento de incapacidad abre las puertas de la libertad.

El peor invierno puede anunciar la más bella primavera. Sabia es aquella persona que logra ver aquello que las imágenes no revelan. Es la persona que, al ver caer la última hoja del invierno, es capaz de levantar la mirada y distinguir las flores de la primavera que todavía no han brotado.

El Maestro era el único en su época que podía ver lo que nadie veía. Frente a él sólo había piedras y arena, pero Él podía levantar la mirada y ver los campos blanquearse, aunque apenas estuviera lanzando las primeras semillas a la tierra.

Él causó la mayor revolución de la Historia, sin desenvainar una espada, sin usar violencia alguna. No tenemos que revolucionar el mundo, pero debemos revolucionar nuestras vidas, nuestro espíritu, nuestra capacidad de pensar y de ver la vida. Si así lo hiciéramos, ciertamente estaremos sembrando un jardín donde antes sólo había piedras y arena.

Referencias bibliográficas

Argyle, M. *A Psicologia e os problemas sociais*. Rio de Janeiro: Zahar, 1967.

Asch, S. *Psicologia social*. São Paulo: Ed. Nacional, 1966.

Cecil-Loeb. *Tratado de medicina interna*. Rio de Janeiro: Interamericana, 1977.

Cury, Augusto J. *Inteligência Multifocal*. São Paulo: Ed. Cultrix, 1998.

_____. *Análise da inteligência de Cristo. O Mestre dos mestres*. São Paulo: Ed. Academia de Inteligência, 1999.

_____. *Análise da inteligência de Cristo. O Mestre da sensibilidade*. São Paulo: Ed. Academia de Inteligência, 2000.

_____. *Drogas*. São Paulo: Ed. Ondas, 1986.

Goodman y Gilman. *As bases farmacológicas da terapêutica*. Rio de Janeiro: Guanabara Koogan, 1983.

Levenson, A. J. *Psicofarmacologia básica*. São Paulo: Andrei Ed., 1983.

Miller, O. *et al*. *Farmacologia clínica e terapêutica*. São Paulo: Ateneu, 1981.

Murad, J. E. *O que você precisa saber sobre os psicotrópicos. A viagem sem bilhete de volta*. Rio de Janeiro: Guanabara Dois, 1982.

Olivenstein, C. *A Droga*. Rio de Janeiro: Nova Fronteira, 1982.

Sanches, A.; Telles, C.; Murad, J.; Gonçalves, E.; Tancredi, F.; Charbonneau, P.; Kanner, R.; Werebe, S.; Sanches, V. *Drogas e drogados*. São Paulo: E.P.U., 1982.

Índice

Esta obra se imprimió y encuadernó
en el mes de junio de 2023,
en los talleres de Impregráfica Digital, S.A. de C.V.,
Av. Coyoacán 100–D, Col. Del Valle Norte,
C.P. 03103, Benito Juárez, Ciudad de México.